大夏书系·通识教育

张文质说 ①
教师的"微革命"

张文质 著

华东师范大学出版社

目 录

说教育
- 003　教师的"微革命"
- 022　教师的本分和境界
- 042　教师应具备怎样的素养
- 066　教师的影响力从哪里来
- 073　教师要成为一名讲述者
- 084　教育要回到生命的现场
- 097　愿教育因为我们而更有希望
- 105　本分就是对自己责任的认同

说读书	109	如何阅读一本书
	128	在阅读中做梦

说课堂	147	在课堂教学的旅途
	158	好老师的专业素养与教育品格
	169	语文教育如何回到起点
	176	教师卓越的智慧：舞台感与戏剧结构
	181	让学习发生
	189	从凌乱到灵动

说教育

教师的"微革命"

时间：2013年8月13日
地点：上海杨思中学
与会人员：生命化教育优培计划团队、北京教师心灵叙事团队、长三角教师读书共同体等
录音整理：阿　毛

刚才我把前不久做的一个PPT——《闪电六点》放在屏幕上，我发现讲座的时候经常有一个空场，所以做了这么一个《闪电六点》，大家有兴趣的可以看一看，快速地浏览一下，让这些句子在你的眼前闪一下，当然，如果可能产生闪电的效果，那更好。这些话题都是我平时在想、平时在思考，或者平时在脑袋里闪过去的一念之词，在这里跟大家分享一下。

像这些话题，如果你要把它们展开来谈，也是很值得谈的。我们一起来读一下——

我们不妨这样思考教育：

1. 无论在什么样的教育处境中，如果教师仍然在读书，那么教育必然有希望。

2. 如果你今天带的包中就有一本你正在读的书，你不妨拿出来和你身

边的伙伴分享一下。

3. 你还可以告诉身边的伙伴，自己今年读了多少本书，如果一本都没读，也不妨说一说。

4. 考试能力固然很重要，但不等于应试教育要从娃娃抓起。

所有的儿童都是学得少，才能学得好；学得好，才乐意学。

负担过重一定导致肤浅！

负担过重一定导致厌学！

负担过重一定导致学业枯竭症！

5. 要相信教育是科学，是生命学、智慧学。今天教育的麻烦就在于只相信分数是硬道理，不知道分数也是双刃剑。放着人类共识的大道不走，偏要摸着石头过河。

6. 一个学校、一个地区高考考得好，固然可喜，但更要看你的学校、你的地区这三十年都出了哪些具有全国性甚至世界性影响的人才。

今天上午，大家可以很直观地感受到，教师如果读书，我们这个世界会发生什么变化。上午活动结束的时候，我们福州的陈蕾老师就跟我感慨：啊！上海居然还有这样的老师！她说的就是丁慈矿老师、刘发建老师……我第一次知道刘发建，源于钱理群老师的正式推荐，钱老师说：有一个绍兴的小学老师，非常厉害，我现在要跟他一起编书。后来我跟刘发建在杭州有过一面之缘。丁慈矿，我更多的是因为看他的文章而"熟识"他，他名字的构成也很有意思，"矿"是有强度的，而"慈"是柔软的、温润的，作为一个对文字、对语言、对文学有感觉的人，看到这么一个词，就会产生联想。我们可以说，这个矿是一个"慈"矿，慈祥的矿，仁慈的矿，恩慈的矿，慈悲的矿，"慈矿"这个人就是一个宝藏。今天他也很惊喜地让我们看到了他呈现出来的矿藏的颜色，这个色泽是健康而又美丽的。

我为什么会写这几条教师的"微革命"？你可以把它们看作是一个希望之词，其实这个希望之词是来自绝望的，所谓"来自绝望"是对这个体制的绝望，对在这个体制所领导下、所掌控下的社会变革的绝望，对学校教育的未来的绝望，这些绝望使得我回溯教育改良可能的源头时，只能回到两个地方。一个是，人的天性是教育变革、改善、进步最大的支持力、动力、源泉。人的天性，就像地球，就算受到巨大的破坏，150年后，它还是有某种修复的可能。所以，即使我们对很多体制、文化，或者社会变革都产生绝望，但是不必对人性绝望。因为人得以活下来的、最重要的、人成其为人最本质的东西就是自我修复、自我改善和自我发展的可能性，这是任何一个体制，即使是最为严密、最为残酷、最为彻底的体制，都无法摧毁的最大的、最柔韧的力量。所以，当我们往回看的时候，我们还是能从那些少数的个人身上，看到读书的力量。也就是说，回到阅读，回到经典，回到人类思想浩荡的源流之中，我们可以从那里汲取一些改善我们、滋养我们、提醒我们，有时候也是会颠覆我们的正道的力量。这是其二。

一个人的成长，一个人精神的丰富，或者一个人所获得的幸福，都跟人类的文化息息相关。如果没有文化，人类跟禽兽没有太大的区别，也可能这个人是更可怕的、更有力量的、更有才能的禽兽。

做一个教师，你如果不读书，几乎是无以为教的。前一阵子，我在微博和微信上，发过几次感慨：我到很多城市很多学校去讲课，在我经过的机场、酒店、车站、电梯，举目看过去，很少能看到一张读书人的面孔。今天，刘发建、丁慈矿坐在这里，即使他们不说话，他们都长着读书者、思考者的脸。当然，丁慈矿又有上海人的清秀，刘发建呢，他比较复杂，他如果扮演坏人的话，是很有智慧的坏人，扮演好人的话，则是很有力量的好人。但是，你看他们的样子，他们看人的眼神，他们的音色，他们的语调，都有教养在里面。我们到了这个年纪，从口中发出的声音，不单是父母给我们的声音，有很多是我们后天自我教育的结果。但是，我们看到太多的人，发现他们没有被教育过，或者说只有一个非常非常短暂的教育，然后是漫长的黑暗期，在这个漫长的黑暗期，他们靠欲望支配着。他们的声音、气味、走路的身姿，以及他们看人的眼神，都令人难受。或者说，我们很直观地就可以得出，这是一个很让人绝望的民族，因为在这个民族中，读书人已经成为稀有动物，读书人都是弱者，因为只有他们觉得在思想那里能够找到安慰与归属。那些"有力量"的人有比我们更大的嗓门、更强烈的欲望，在这个社会中，他们站的位置比我们要靠前很多很多。

我们组织这样一个活动，"勇气更新"，其实自我勇气更新就包含着"与志同道合的人在一起"，比如说，看看王丽琴那么曼妙的身姿，她不是一个模特，她曼妙的身姿跟她的智慧、阅读的经历，以及对公益的热情是结合在一起的。昨天，吴国珍老师说，她经常走到她家门口的公园里面，因为她找不到一个可以为她的某一个难题提出某一个建议或答案的人，她就会在公园里说，她要做一件事情，然后看看周边的事物，比如，树能不能偶尔摇动一下，会不会有一阵风强烈而又美好地流淌过去。她发现，有时候就得不到这种回应，于是，她就得到了某种暗示：这件事情也许可以缓一缓。有一天，她想要做的一件美妙的事情，她也在公园里说出来了，这个时候，奇迹出现了，原本非常安静的公园，天空上"刷"地一下，一群鸟飞过去。她第一次跟我说这件事的时候，这件事就印在了我的脑海里。我家门口也有一个公园，但是我享受不到她的那种待遇，因为那个公园被很多唱红歌的人占领了。我前几天看到纽约有一群人因唱红歌被拘留的时候，心里的那种感觉，你们没有办法体验。

5月25日，我参加华东师大夏雨诗社的复活节，夏雨诗社成立了十多年，后面就停了。在十多任的社长里面，有六个人由于各种各样的原因被抓到监狱里面去了，还有很多诗社的骨干被学校开除了，这可能是诗歌史上很奇怪的一个现象。今天，它又以很奇怪的方式复活了。那天，我们诗友们聚在一起的时候，我就给一个诗人——我们华东师大最有名的诗人之一——宋琳拟了两条墓志铭。我说，以后如果他埋在法国的话，我给他拟的墓志铭是：他很慢，因为他是一个中国人。如果埋在中国的话，我写的是：他是一个诗人，你要原谅他。

我在想，我该给自己拟什么样的墓志铭呢？大概就是"他是一个诗人，你要原谅他"这一类的吧！

今天，我们每天都要思考当下，思考未来，思考我们的心灵世界，思考我们生命的意义，大家聚在一起，也是为了互相得到启迪。王丽琴说，我们这里没有那么泾渭分明的专家与受训者的关系。我们是在寻找一条我们自己的路，这条路由我们自己来命名，由我们自己来走。我们走的这条路，是从体制回到民间，从集体回到个人，从宰制挣脱出来，赢得自由的路。对于一些老师来说，这条路也是一条慈悲之路、仁爱之路、温暖之路、欢喜之路，这几天，我们都沉浸在这样的喜悦之中。比如，昨天陈家琪老师作报告的时候，我就觉得特别温暖，其中有一个原因，他是我一生的老师——黄克剑先生的同学，他是跟黄老师一起生活过的人。王丽琴找到他们年轻时候的照片，里面就有一张陈家琪、易中天、黄克剑三个人的合照。我还有一个很美妙的发现，黄克剑老师现在的样子比年轻时要帅很多，那种慈祥、睿智、丰富、高贵，年轻的时候没有，现在有了。今天，王丽琴让我推荐一本书，我推荐了《里尔克读本》。市面上有很多里尔克的读本，我推荐的是冯至和绿原为主翻译的版本。里尔克曾经在一篇文章里面说过这么一件美妙的事，他见到一位80多岁的老太太，这位老太太年轻的时候亲眼见过歌德，他深情地凝视着老太太的眼睛，因为那是一双见过歌德的眼睛啊！这样的感叹只有有着那种丰富的历史感与文化体验的人才能发出，他才会从那一双普通人的眼睛中看出它们因为见过歌德而变得那么不平凡。我昨天也有类似的体验，但我不敢跟陈家琪老师说。其实，任何一个你心仪的、你爱慕的、你敬重的、你敬仰的、你追随的人，从他身边的人身上，因为那个人的光泽，你都会得到一种美妙的情感投射。所以，我们听的某一些声音，就不仅仅是那个旁边人的声音，你还会从他的声音里面，发现有其他的回响，那种精神性的奇特的回响。这是我昨天的一个感受。

去年年底，我们在苏州有一个研讨会，有朋友问我：你觉得刘备身上最大的才能是什么？很多人都说刘备很善于发现人才、团结人才，我说，刘备身上最厉害之处在于，他是一个自我定义的人。他是一个卖席子的底层商人，但是，他把自己定义为中山靖王之后，他就变成了刘皇叔，他就具有了合法性。当然，在我们这个时代，更重要的是思想的合法性，思想的纯洁性，这是至关重要的。凌宗伟也是一个会自我定义的人，在他身上，可能最可贵的就是，他一直在寻找、一直在倾听内心渴望的声音，所以，他遇到我的时候，他是听到了自己的声音。于是，他就把我某一些声音放大了，于是某一些声音变得神奇了，某一些声音变得慈祥了、柔软了，某一些声音就能够贴着地面飞翔了。最后，他成就的是自己的格局。

我有一次在河南，跟一群小学生上《丑小鸭》。在这之前，一位名师上了一堂"堪称完美"的课。用很体制化的评价来说，就是这堂课一点问题都没有，一点回响的余地都没有。当地的一个教研员说：张老师，你再上一节吧！我说：我从来没有给一年级的孩子上过课。他说：你就试试吧。我怎么上呢？我又不是字正腔圆，又不是身材曼妙，又不是声音悦耳，又不是循循善诱，这些都不是，但我有一个才能，我比较善于让孩子们问问题。孩子们问了五花八门的问题，问了一些哪怕安徒生在世也回答不出的问题。其中，有一个问题，我印象非常深刻，后来我把它上升为某种教育的隐喻。孩子们问：丑小鸭变成天鹅以后，它是怎么发现自己变成天鹅的？怎么发现的呢？它先是在湖边见过天鹅飞翔的身影——就像吴国珍老师在她家后面的公园，看到过鸟群一样——所以，它就知道那是天鹅，有一天，它飞起来了，它从清澈的湖面上，从自己的倒影中辨别出了、自我确认了它自己也是一只天鹅。我后来的思考就是：老师要做一个清澈的湖面，如果你是浑浊的湖面的话，一百只一万只天鹅飞过去，都无法映照出来。我也愿意做清澈的湖面，映照出凌宗伟这只有点肥胖的天鹅，哗啦哗啦地就从天上飞了过去。

在任何一个思想的共同体、精神的共同体中，我们彼此都是对方的湖面，彼此都希望能够成为在湖面上映出倒影的那只天鹅。所以，像这样的研修、讨论、分享的平台，不再属于权威，它更像刘再复先生说的：谁走在我的前面，谁就是我的老师。我们这样的AA制的活动，除了共同承担某种责任以外，更为重要的是，AA制是平等分享的、彼此敞开的，然后在这样的一种分享过程中，既是去追慕伟大事物的魅力，又是在追慕过程中去发现伟大的事物，这恰恰是这一类的活动最大的魅力所在。昨天上午，我们小组分享的时候，我甚至都舍不得上厕所，直到跟身体作了一番短暂的斗争以后，我才说，我要去上洗手间了，不去不行了。如果我们的社会、学校经常有这样的聚会，那这个世界就会变得美好起来。所以，我今天讲的主题就是"教师的'微革命'"，一共15条。

昨天，陈家琪老师说，我们要重新审视词，重新审视词语、句子、文本，也就是要重新使得某一些词能够变得纯洁起来，使这些词回到它的丰富的、健康的"矿"里面去。所以，我们用词、写文章，都需要有一种文化自觉。今天，刘发建说到鲁迅的时候，我在台下想，鲁迅更大的魅力所在可能是他的语言，它超越了他的思想所在，他毕竟是文学家，他是有巨大的想象力和巨大的语言使用能力的一个人。你可以把那些革命、意识形态通通忘掉。读一读他的句子，读一读他的《野草》《朝花夕拾》《故事新编》等，你就会觉得这个人太了不起了。特别要用丁慈矿的这种方式，反复地读，"一棵是枣树，另外一棵也是枣树"，读着读着，就会产生一种快乐感来，太好玩了，太风趣了，太调侃人了。特别是你在这种孤独、寂寥的处境里面，如果你看到外面只有一棵树的时候，你也会说，外面有两棵树，一棵是枣树，另外一棵也是枣树，另外一棵是那一棵枣树的影子，于是就有两棵树。就像我形容我们以前做的24小时跨年诗会，到了深夜的时候，有一个人在朗读，有一个人在倾听，那个朗读的人就是倾听的人。这种语言的变化，就会带来阅读的快乐，带来心境的改善，对场景的描述，就超越了场景本身的意味。比如说，他有时候孤苦，有时候乏味，有时候沮丧，有时候愤怒，他就不是那种粗鄙的、狭隘的、低俗的愤怒，情绪本身就有了一种丰富、多元的美感，有了值得回味之处。所以，我为什么要给大家推荐里尔克呢？里尔克的每一个句子，每一个标点符号，都是值得回味的。美到精致啊！今天刘发建说鲁迅先生擅长写情书，我不认为，他情书写得太少了，太单调了，你要看里尔克写的情书，那才叫可怕。几乎欧洲年轻的贵妇人都崇拜他，愿意为他付出所有的一切。太神奇了，他死得也奇怪，他在花园里被一棵玫瑰的刺刺伤了，手指化脓，得了败血症，死掉了。死在玫瑰丛中。像这样的书，要随身带着，随时想着去读一行，读一段，读一篇。我刚才跟我们一位志愿者说，我实在太喜欢里尔克了，我家里有无数版本的里尔克，他就像我的亲哥哥一样。我真想再要一本。她很仁慈地说，这是可以的。我说，我等会儿拿我女儿的一本书跟你交换。

我们谈到"微革命"，它一定是面向我们自我的革命，面向我们内心，面向我们思想，面向我们精神，面向我们生活，面向我们行动的革命，这也就是哈维尔所说的"存在的革命"。存在的革命，它不是以强硬的、粗陋的、恐怖的、意识形态的存在为革命的对象，它不是对抗的，不是暴力的，不是复仇的，不是摧枯拉朽暴风骤雨式的革命，它是另一个，它是另一类，它是一种新的生活，它是一种新的形态，它是一种新的语言，它是一种新的生活方式，它是一种新的书写、一种新的词汇，它有时候说不，有时候保持沉默，有时候走开，有时候另起炉灶。

这样面向自我的革命，无论在哪里，都会发生。在我们这里已经发生了，在丁慈矿老师的生活中已经发生了，在刘发建老师身上已经发生了。要是在一个开明的年代，他们都是大学教授了，他们的学养，他们的专著，他们的敬业和执着，完全配得上做一名大学教授。但是，做小学老师没有什么丢脸的事情，也可能今天的小学更需要他们。

前不久，我跟我的一个朋友余岱宗教授说，我们现在都把目光放在中小学的应试教育上，其实我们大学教授更应当忏悔，如果我们大学里面没有学术的尊严，没有对学术的敬畏，没有对学术的献身精神，没有从学术中分享到人生的炽热，没有在课堂中传播过思想与激情，那些走出校园的人，靠什么力量，跟这种强硬的、坚固无比的"墙"对峙呢？在任何一个国家，大学都是人类文明的最重要的一个堡垒，所以，与其说我们中小学堕落了，不如说，大学罪孽深重。你们说，哪一个大学不做课题呢？不从体制里面获得荣耀与金钱呢？不在权贵面前阿谀奉承呢？当然也有"不"，但少之又少。

所以，我这里所说的"微革命"，其实更重要的，不是把我们自己的火种播在别人的心田，而是守住我们内心的火种，播在我们的心田，让这样的信念，这样的生活方式，这样的追求，这样的彼此心灵的呼应，变成一种活水，变成一种流动的状态，变成一种活性的状态——无论你走到哪里，都跟别人分享教育的好。

前两天，我跟雷祯孝老师一起从华东师大过来，遇到两个乞丐。我对乞丐有一个观点：世界上没有假的乞丐，所有乞丐都是真的。因为乞丐是道德破产的人，只要他当乞丐就是真乞丐。——这是插笔啊！——雷老师那天走到门口说要去换一些硬币，他的朋友问，为什么要换硬币呢？他说，张老师一路走过来，看见乞讨的人，都给他一块硬币。雷老师说他觉得我的这个方式是比较慈祥、比较友善的。我们也要把教育的比较慈祥、比较友善、比较光明的方面传递给更多的人。可能在这个时代，需要有更多更为干净一点的人，去传递更为健康的力量。这就是我要说的"微革命"。

我的"微革命"15条。（我很怕讲着讲着我会讲到六点，后面黄建初老师就要生气了，大家就要饿着肚子听我讲。我要克制，克制也是我需要做的一件事情，因为我讲课的时候，经常"漫山遍野"地讲下去了，开场白比正文还长。还有一个就是，像林语堂说的，好文章从来都是离题的。在俄罗斯文学里面，普希金开创的一个特色，叫作"抒情的插笔"，比如说，写小说，写着写着，就插笔插到别处去了，如果这种事情发生在我们的体制里，一定会把这个多余的话剪掉，但它们保留下来了，称之为"抒情的插笔"。所谓"抒情的插笔"，就是作者当时起兴，随机的、随势的一种议论。今天上午给几位老师的时间太短，所以插笔的机会会少一些，如果给他们时间长，一定会有很精彩的插笔。插笔都是到了某个地方才会出现的，不是他事先准备好的。可能他早有准备，但是不一定想讲。或者是，那个时候灵感突然冒一下，他就讲出来了。这样的插笔特别有现场感，有趣味性。好，我开始讲我的15条了。）

第一，一定要关注时局，议论时事。

今天这个时代是中国朝向更美好变革的某一个特殊阶段，作为一个教师，他一定是思想的引领者、人生道路的启迪者，同时又是自我生命与精神的变革者，所以他不可能不知道这个世界在发生什么事。今天这个世界变化的方式、变化的速度、变化的空间，是我们以前根本无法体验的。埃德加·莫兰所说的"复杂性"在这个时代体现得最为明显，我们面对任何事情，都不能轻易作判断。比如说，斯诺登为什么选择香港作为一个落脚地，就很难三言两语说清楚。为什么俄罗斯最后采用这样的方式对待斯诺登，也很难说清楚。有一个朋友跟我说：俄罗斯虽然衰弱了，但它仍然像一个帝国，有一个帝国的强硬的面孔。我说这是一方面，我可能更愿意用一种调侃的方式来回答这个问题：因为普京在美国没有账户，普京也没有把自己的家人送到美国去。很多人把妻儿老小、家中的珍奇古玩、金银财宝都放在人家国库里、城市里了，——用李敖的一句很粗俗的话来说就是：你的一只睾丸都被人家捏住了，你还想干什么？李敖的这种表达很粗俗，但也可能逼近了某种真相。

教师需要阅读，需要从不同的媒体或者媒介物中去寻找真相，去探究真相，去获得自己的理解力。作为一个教师，不能那么傻。

第二，一定要尽你所知，说出历史事实。

丁慈矿、刘发建、王丽琴等人编的那些民国的书，就是在说出历史事实。今天，互联网给中国带来了希望，互联网使我们离真相更近了一点，互联网让我们有了一个更便捷的通道去了解历史上曾有过的事实。我前几天去华东师大参加毕业30周年的聚会，去之前的那天早上我做了什么梦啊！我醒过来跟我太太说，天呐，我又梦见要参加英语过关考试了。她拍了一下我的脑袋说：放心，你已经考过了。噩梦啊！噩梦过后，不是黎明啊，你知道吗！噩梦过后，噩梦就成了记忆啦！你要去否定一个东西，太难了。所以，能够把自己尾巴咬掉的人，能够像鲁迅先生说的那样把自己的心拿出来咬的人，太难了，我们就生活在由那些虚幻的、虚假的文字和历史所形成的巨大的场中。

我在上世纪90年代女儿上学之后开始写《唇舌的授权》，就发现小学教材里面不断地有人悲惨地死去，隔几节课就有人死去，而且死的很多还是孩子。先不说历史真实，假如你的孩子是王二小的话，你舍得让他那样牺牲吗？什么赖宁、邱少云、刘文彩、罗盛教……太多太多，所以，我孩子上学以后，我惊恐万状，我不断地跟她说，活着是最美好的事情，生命是最可珍贵的。新课程开始的时候，王二小被剔除出来了，但好像第二年又回来了。在教材里面，主人公王二小是几岁？歌曲里面是13岁，但是我记得教材里面没有13岁，好像是7岁还是8岁，就是孩子上一年级的年龄。我们同学前几天还在争论这件事，我的很多同学已经五六十岁了，歌唱王二小的歌词背得一字不差，他们说：我们就是唱这个长大的。

所以，我才会有这种想法："一定要尽你所知，说出历史事实"。就像"抗战"，我们先不谈意识形态的东西，先说一下国民党军队死了多少人，将军死了多少，蒋介石那个时候干了什么。

这些年我看杨奎松的《忍不住的关怀》，看陈徒手、钱理群、吴法宪，看无数历史学家、文学家、亲历者写的故事，看完以后我就觉得，历史真是很吊诡，最强悍的人、最无耻的人、最顽强的人、最不屈不挠的人、最粗鄙的人，他很可能就会成为胜利者。这种胜利往往是最残酷的胜利，就像斯大林那样的胜利，像希特勒那样的胜利。在这样的一种历史里面，呼吸都很困难啊！

我读陈徒手的《人有病，天知否》，读杨奎松的《忍不住的关怀》，有一些历史问题，我以前读书的时候迷惑的问题，现在解决了。在那样一个时代，你只要是知识分子，无论"左派""右派"还是"中间派"，没有谁能够躲过去的。你今天是"左派"，得势，"右派"失势；明天，你"左派"也要失势，你保持沉默的"中间派"也要失势，没有谁能够躲得过去。老舍先生积极地配合历次的政治运动，每一次的政治运动都写一个话剧，老舍先生好可怜的人啊，有一些话剧他要改十遍以上，改到后面他说：我真的不知道怎么改了。这么诚心诚意地相信新政策，相信新社会，相信未来的人，到了"文化大革命"，也彻底崩溃了。崩溃的原因不单是受到羞辱，而且是他发现没有路了，原来的所有的幻想都破灭了。所以，我有时候又感到很幸运啊，如果生在那个时代，我怎么会有机会在这里"信口开河"呢？都不知道死了多少回了。今天这个社会，怎么说都开放多了，也仁慈了一点点，或者说，"坏人"太多了，抓不过来。但是，作为教师，就像几位教师在课堂实践里面一样，有时候课本你真的没有办法反对它。我也不要反对它，我拿出别的课本，我拿出别的文章来对照对照。多一种文本，就多一种感悟力。多一种思想的资源，就可能增加一种新的生命强度。所以，更多元地、更开阔地、更有主动性或者灵动性地去理解这些文本，孩子就能从中获得更多的滋养。

当我们老师读书，当我们老师能够对更美好的生活有所向往，当我们的老师把新的文本、新的历史事实带入课堂的时候，我们播下的就是一颗文明的种子、一颗善良的种子、一颗希望的种子。

第三，对任何有新见解、可能说出真相的文本，都尽量通过个人网络平台加以传播。

我还有个观点，当大家都往前走一步的时候，先走第一步的人就不危险了。大家都往前走，淹没在人民群众的海洋里面，就没"那回事"了。现在网络上言论的开放度跟前几年相比大有变化，可能体制本身也有它的变化、有它的需求，但不得不说，现在网络平台本身就像汪洋大海，远远超出了体制的掌控能力，按照李慎之先生的话说：恐惧的发条已经松了。所以，我们就有了更大的空间，说出真相，传播真相。

第四，努力说真话，无法做到时，也尽量不说假话，少说假话。

不说假话挺难的，有时候必须说假话。钱理群老师有一次到福建讲课，跟校长们说：你们作假，不要做得那么真嘛。校长们大笑，说：我们现在作假，就是要做得真啊。哈维尔说：意识形态的那座恐怖的堡垒是从哪里坍塌的？是从每一个人说真话开始坍塌的。谎言瓦解了，真相呈现了，恐怖的堡垒的合法性就不存在了。

第五，尽自己所能，至少参与一项旨在助推社会进步，改善民生与教育的公益活动。

今天我们所有在场的老师都参与了公益活动。我们这次来的专家、学者，都是自己出路费，自己出住宿费。我参加了华东师大乡村教师"爱飞翔"计划连续三届的活动，也是自己出路费，住简陋的招待所，吃食堂的盒饭。今年暑假我女儿从英国回来，我也把她送过去做志愿者，前后十天，那么高的气温，她们四个人住在一个房间，没有独立的厕所，洗澡要去公共澡堂。我的同学查建渝——上海乡村教师"爱飞翔"计划的主持人（北京是崔永元），让他从美国回来的儿子也去做志愿者。查建渝说了一句很有意思的话：让孩子吃一点苦就有记忆了，太舒服不会有记忆的。我相信这次天气如此炎热，大家聚在一起，一定也会有记忆。

我觉得，只要我们愿意，就可以去做一项公益活动，比如资助贫困学生，给山区的孩子送书，等等。我的一个朋友做了一个项目，叫"一个鸡蛋的暴走"，就是一个人每天走多少公里，就有另外一个人愿意为之捐助一个鸡蛋给乡村学校的孩子。现在这个项目已经延伸出了更多其他项目。

也许公益活动就是更美好的公民社会的组成部分。公益活动让大家都成为一个承担者，都成为社会进步的助推者，同时，也成为一个社会进步的受益者，这样，我们的社会就会慢慢变成一个个人能够承担责任的社会。

第六，坚持每天阅读，并与亲友分享阅读心得。

我们"1+1读书俱乐部"的读书活动，推广到很多地方。坚持阅读非常困难，哈尔滨香坊区进修学校的李军校长在香坊区组织教师阅读，现在遇到瓶颈了，他所说的瓶颈就是"坚持太难"。"坚持太难"可能更核心的原因就是我们童年时期没有得到过书的润泽，我们没有得到"书中自有颜如玉，书中自有黄金屋"的启迪，我把"颜如玉""黄金屋"看作是一种精神性的东西，就是那些蜜我们没有分享、没有享受过，读书的乐趣我们没有享受过。

刘发建今天说的一点我特别有感触，他说小时候到人家家里去，看到人家墙上贴的都是报纸，就觉得人家很富足，而他，则会自然而然地去读报纸。我小时候去我外公家，他也是在墙壁上贴满了报纸，连天花板上也贴了，为了阅读天花板上的报纸，我就搬一个很高的凳子，站在上面看。我外公有十几个外孙、外孙女，他就认为我以后会有出息。真是慧眼识英雄！哈哈！其实他就是从我喜欢阅读这个细节里看出来的，他认为我爱读书，爱读书就有希望，天资没有那么聪慧也不要紧，因为人后天的发展并不完全靠天资，阅读和学习非常重要。

第七，回家吃饭，休息时间和家人在一起。

我这些年讲家庭教育，就特别强调，下班的路，是回家的路，休息的时间，是家庭的时间。王丽琴策划这次活动的时候，就提出，允许老师带孩子来，后来，承办方觉得这件事情有风险，建议带孩子来的老师住到酒店去。这个用意是好的，就是无论去哪里生活，带上你的孩子。你如果要比较长时间地旅游，也带上你的孩子，让这种方式成为你的生活方式和人生信念。

第八，多喝水，多走路，不抽烟，少喝酒。

我每一次跟雷祯孝老师见面，他都会跟我说：多喝水，喝好水。雷老师说，哪怕我们吃的某些食品不够健康，用健康的水一天把血液洗一遍，就健康了。为什么我要特别提出"多喝水"，因为我发现很多教师不喜欢喝水。我办公室曾经借用了两个小学老师来做编辑，他们一天都不喝水。一天都不喝水，身体就会有某种潜在的危险，整个身体散发出来的气味都是不健康的。我觉得我们这种生活方式的变革也是一种"存在的革命"。比如说，我现在都倡导大家要背大包，自己带水、带笔记本、带书，把这些必要的生活用品都带在身上，这也是一种生活方式。不是说我们渴了才喝水，而是随时喝水。

不抽烟，少喝酒。我对喝酒有几个原则：能不喝就不喝；跟陌生人一定要喝的时候，尽量少喝；跟亲友偶尔聚会，尽情地喝一次；走到外面，基本不喝。抽烟肯定对身体有危害，喝酒过量，也会对身体有危害。我们需要有一种更健康的生活方式。我因为经常出差，就养成了什么东西都自己带的习惯，牙刷、牙膏、毛巾、浴巾、洗发水，所有的这些日常用品，都自己带着。这既是环保的，又是健康的。

第九，认识100位以上非本地的朋友。

我希望，大家在这次活动过后，通讯录不要就放在家里，而是尽可能把这次活动中认识的朋友的手机号码输入手机，让我们的朋友越来越多，越来越丰富，越来越多样。有这么多朋友，本身也是一件极为美好的事情。你到一个城市，因为有一个朋友，这个城市色泽都不一样了，温暖度都不同了。更重要的是，作为教师，可以分享各自不同的经验。我有一次去河南，见到陈伟华，他向我叙述他学生的生活，大冬天，冰天雪地的，因为学校食堂正在维修，学生只能在操场上吃饭，一餐就吃一块钱的。我当时听了，就嚎啕大哭起来。我是一个父亲啊！想着这些孩子的生活，我悲从心来：我们这个体制的良心到哪里去了？你说得天花乱坠，你敢把你家里的财产公布一下吗？你说得纯洁无比，你敢把你的国籍公布一下吗？太可怕了。随便把一个贪官的家产拿出来，中国贫困孩子的学费问题、吃饭问题，都解决了。人类从来没有出现过这样群体性的贪婪状况。

像我们这一次认识的雷祯孝老师，他80年代就辞职了，他老人家到现在为止都是一个无业游民，没有固定的工作，没有固定的收入，但是，大家看到了，他依旧不改其乐，不改其忧，不改其抱负，所以他特别年轻，像一个老顽童。当然，跟他喝的水也有关，他都喝健康的水，他去哪里都背着水。上一次，我们去北京开研讨会，他甚至自己从深圳带干净的漱口水到北京去。我看到非常惊讶，我第一次见到有人带干净的漱口水出门的。他认为当今中国最重要的麻烦就在水里面，就在食物里面，如果水能喝好一点，健康就能有更多一点的保障。

第十，走访30所以上非本地的学校。

陈蕾上一次来上海，就特地拐到江苏南通，潜入凌宗伟的二甲中学，看一看二甲中学的厕所是不是真的那么干净，看一看二甲中学的学生是不是真的那么快乐。陈蕾看完以后，跟我感慨，凌宗伟校长虽然那么践行生命化教育，但是他那里的孩子比我们福州的孩子过得苦多了。（凌校长在哪里啊？我批评他的时候他怎么就不在场了？）为什么？因为那里补课。

今天凌校长也说了，他们那里是寄宿学校，孩子五点多就要起来，很多地方都是这样，太可怕了，从早上五点多折腾到晚上十点。这叫考试集中营啊！毫无人性！还有人在鼓吹应试教育怎么好怎么好，是目前最不坏的一种制度。真不能这样简单地看问题。有一次我在深圳讲课，在会上把山东某一所著名的因为应试教育发了大财的学校批判了一顿，结果中间休息的时候，一个老师给我倒水，她就跟我说：张老师，你知道吗，我们区的教研室主任正在推广这所学校的经验啊。我说，我不知道，但是我认为深圳这么一个中国改革开放最前沿的、离香港最近的城市，还学这种乡镇的教育改革，中国教育便没有希望了，这就像我们学阿富汗、学朝鲜一样。

分数到底是单数，还是复数呢？这是我最近思考的问题。单数就是只为分数而进行的学习，所有的学习过程，所运用的所有的手段，所消耗的所有的身体的才能，就是为了那个分数。而复数是什么意思呢？比如说，在刘发建老师班上，学生就会知道一个丰富的鲁迅。在丁慈矿老师班上，孩子可能以后对对子神奇得不得了，但不一定考试考得怎么样。但这些孩子的考试分数背后是有丰富的支撑的，是有多重营养构成的，而不是只有那个分数本身。这太值得思考了。

"分数是硬道理"，说这种话的人是太没良心了。

第十一，一定要走出国门，看看外面的世界。

第十二，坚持每天至少写两百字。

在我们"1+1教育网"上，有很多坚持着阅读、写作的人。比如彭荣辉，他给女儿写日记，从女儿还没出生就给她写。他昨天说，他要创造一个父亲给孩子写日记的吉尼斯世界纪录，令人感叹！纪录倒不重要，更重要的是，在记录孩子成长的过程中，他就成了一个研究者、一个发现者，成了一个更有责任心、更有教育智慧、更有教育勇气的人。严中慧，加入"1+1"的第一年就写了40万字。水谷龙生，每天都写一篇教学反思或读书笔记。这些老师都是我们生命化教育写作优培计划中的成员。优培计划实际上是一个网络的计划，是没有严格的规程、没有具体任务的共同体，最重要的是你参与、你阅读、你写作、你跟别人分享，你也体验了写作、阅读、分享、交友、被人欣赏、被人肯定的快乐。这既是虚拟的共同体，但是，参与者又可以感受到一种真切的温暖。

第十三，至少结交一位对自己精神成长有帮助的人。

这种认识，年轻的时候不一定会有。我是人到中年之后，才对之有体会的，而且年纪越大，体会越深，觉得这么一位"对自己精神成长有帮助的人"非常重要。有一次，我跟钱理群老师挂电话，我说：很多时候我会等很久，因为我不敢轻易打电话给你，有时候我心里有一些苦闷，但我给你打电话不是向你倾诉，而是只要听到你的声音，我那些苦闷就化解了。真正的老师是给你精神治疗的人，而不是他具体地跟你聊哪一个具体的麻烦。只要你跟他通电话，跟他交谈，或者是，走到他身边，你就可以感受到某种精神性的帮助。日本的池田大作也谈过，一个人无论多大年纪，有多大的成就，如果没有老师，他一生都会很惶然。所以，一个人要是被老师抛弃了，真是灭顶之灾。你最崇敬的老师有一天给你写了一封绝交书，这等于判了你精神死刑，这太恐怖了。所以，当我们有了一个真正的老师以后，你要特别珍惜这份缘分，这份恩慈。

第十四，坚持自己的爱好，无论什么样的爱好。

当然，我不是指那些更多地出自欲望的放纵的爱好，而是具有生活的情趣、在生活中可以给你带来乐趣的那些爱好。昨天陈家琪老师讲课的时候举了很多足球的例子，后来我就问他：你是不是特别喜欢足球？他说：是啊，我一直看足球比赛，也爱运动。所以，陈老师看上去特别年轻，身体特别强健。我们经常会因为某些爱好不能换取具体的利益的回报，而对爱好产生怀疑。我们同学聚会的时候，我就问了一些同学：大学的时候，你的那些爱好还在吗？能够坚持的人太少了。当时我们一起踢足球的，现在还爱好足球，踢足球，观看足球比赛，讨论足球的，几乎没有了。凡是原来踢过足球现在不关注足球的人，如今都变得非常肥胖。

第十五，对新事物、新知识始终保持好奇心。

这个是大道理，大道理要还原到生活中去。我上一次去桂林阳朔，就问当地的一个老师，这个地方为什么叫阳朔，她说不知道。后来我们上网搜了一下，原来隋朝的时候，县衙建在一座名叫"羊角山"的山下，因而以"羊角"谐音"阳朔"为县名。我们的教育导致我们很多人对家乡的历史、对自己生活的那块土地知之甚少。我女儿小的时候，我们家请了个小保姆来帮忙，有一次，我们带她去乡下老家。我乡下老家是四层的房子，几乎所有朋友到我老家，我都会建议他们到我们屋顶上去看一看。因为我们家外面在还没有房地产商盖房子之前，是可以看到闽江的，风景很漂亮。那女孩回答我的话，我印象很深，她说：没有什么好看的，叔叔，我不上去。我好不容易把她"拖"上去，她走到二楼就下去了。

人生的区别就是好奇心的区别。我蛮同情这个孩子的，一定是别人使她变成这个样子的，父母、教育、生长的环境，使她失去了好奇心。

前几天，在教学勇气QQ群里，大家都在分享旅途的经验。我和王丽琴都建议大家，来之前，先百度，尽可能自己抵达。昨天我还跟山东来的王玉翠老师说：这一次你能独自来上海，以后对上海就不恐惧了。对上海不恐惧了，对中国的任何城市都不恐惧了。我们要增加这种经验，更重要的是，我们要增加对知识的好奇，对知识探索的欲望，如果这一切都汇聚起来，我相信，我们的生活，我们人生的态度，我们追寻的目标都会渐渐地发生改变。

我就说到这里吧！谢谢！

教师的本分和境界

时间：2013 年 12 月 12 日
地点：深圳光明新区光明中学
与会人员：光明中学教师
录音整理：黎德森

教师本分的实质：给予孩子一生的温暖

谢谢严亮校长，谢谢张元春主任，当然尤其要感谢在座的各位老师。

人的性情，我开始以为是天生的一种秉性，我觉得自己天生胆小，天生内向，天生忧郁，其实不是"天生"如此，形成人性格更重要的影响是家庭文化。比如说，我上大学之前，从来没有离开过我们的那个小镇，我爸爸妈妈知道我考上华东师大，他们收到录取通知书之后，流眼泪了，很忧伤。一个孩子从来没有离开过家，去到上海那么远的一个地方怎么办呢？后来我妈妈形容说，她看到火车开走了，逐渐消失了，就觉得她儿子也从这个世界上消失了。所以我后来的体会，就是我所有努力的方向，都是要摆脱童年的某些阴影，从童年的局限里挣脱出来。童年对人的影响最为根深蒂固。

这些年，我转向家庭教育研究。我觉得实际上人的成长，是经过两个子宫的，一个子宫是属于妈妈的，它可能对你的天分、智力分布、健康，具有决定性的影响；而人出生之后，可能到18岁前，他就可能生活在另外一个"子宫"里，当然这是一个比喻的说法，那是一个文化子宫——也就是家庭文化背景，对孩子影响非常大。几乎所有的人，后来成长为什么样的人，都能从家庭里找到线索。

我特别强调，要做专业的父母，做对家庭教育有基本理解力的父母。因为我们做父母，大多数人都没有经过专业培训，或者说没有形成专业的理解力，对孩子生命的成长，到底意味着什么，思考很少。现在很重要的是，要作这样的专业培训。这次非常有幸，受到严校长的邀请，到光明中学来。刚才我还跟钟杰老师说，我一直很喜欢深圳，我把深圳看作我最喜欢的城市之一。我首先最喜欢的当然是我老家——福州，第二是上海，我读书的时候学普通话是在上海，感受到女性的美好是在上海，从少年变成青年，对世界产生想象力是在上海。然后，深圳是我这些年的选择。如果不知道新的路在哪里，你不妨走老路；当你无路可走的时候，就往南走。可能在座的老师很多都是往南走，我们就聚集在这里。刚才严校长说，我们2008年在江西南昌《教师博览》的活动中打过照面，但是我真的没有印象。我跟张元春主任第一次见面是2002年，他邀请我到株洲去。所以我有两句话跟大家分享：一个人只要走正道，总会有贵人出现的；我们是同道，我们相识了，哪怕很多年没见面了，但我们再次见面的时候，彼此都已经变得更加美好。

俄罗斯有个作家叫诺扎洛夫，他写的随笔，深深影响了我，我的第一本书《唇舌的授权》受了他风格的影响，都是片段式、即兴、闪电般的写作。他里面有一句话说得很有意思，他说他看照片，发现自己40岁以后的照片最像他自己。不知道大家有没有同样的感觉。我的体会是我原来留了很长的头发，后来有一天我剪了现在这样的短发之后，最像我自己。这种短发、精神状态最像我自己，这"最像"也包含了我对教育的理解。

我们仍然是在威权时代，我们有很多政治、文化的压力，我们不能随便说话。有时候在微信微博上写的文章，有朋友为我担心。但是这个社会我们也不能简单地界定它。法国一个思想家形容今天这样的社会，可能是最有创造力的一个社会，也就是"专制而又开明"的社会。在专制的社会有思想的创变体，专制产生压力、产生愤怒、产生敌意，而开明又使你有自由表达的空间。这个表达很有意思。

像我这样自诩有着比较坚定的民间立场、有强烈草根情怀的教学研究者，深圳的教育管理机构、学校，对思想的传播不分主流和非主流，只分这个思想有没有价值，只把价值的选择，或者把建设性的价值选择放在第一位。所以，我有很多机会来深圳讲课。其实我现在做的家庭教育，开通微信工作平台，它就是非常具有建设性的。到学校里做的"生命化教育研究"，包括正在做"生命化教育大问题教学"这样的研究，也是富有建设性的。当然也可能，我从原来比较激烈的教育理解状态，到今天成为一个什么时候都能用更理性更具建设性的态度去进行思考，这从"消极"方面说，是一种精神创造力衰竭的表现。我们开始老了，我们开始有弹性地去了解世界了，我们的怒气可能消退了，我们的精神生命不再年轻了。但是，我想这样的"态度"也许更适合于教育，因为教育最核心的东西并不是批判，并不是敌意，并不是分裂。教育最核心的东西，在我看来，应该是一种文化的守成，也就是返本，回归到人的生命之本、人性之本、文化之本，包括回归到民族传统中去。而对这一切的理解，它需要一种生命的阅历，它需要身体的经历，需要反反复复地去理解人性。那么你就可能变成了一种保守的人，在文化层面上，有更多的保守立场。你思考的中心，可能就并不是创新，并不是与众不同，并不是一鸣惊人，并不是离经叛道，而是对人性思虑，对各种各样"可能性"更丰富的理解。在这条路上，你会去做一个建设者，你会去做对这个世界、对每一个人有帮助的人。我在想，比如说，张元春老师十年前听我的讲座，我那时候会以为，我的讲座适合青年教师，在青年教师当中引起共鸣，我自己觉得这是值得自豪的。但是我现在更希望哪怕年纪大的人也喜欢听我的讲座，哪怕文化程度较低的人也能理解我的讲座，哪怕政治立场上跟我不一致的人也能接纳我的讲座。也就是我的讲座是中和的、理性的、有建设性的，是一种有生长力的文化的力量，而不是简单的摧毁、批判、决裂、离经叛道。

法国哲学家艾德加·莫兰提出，教育实际上是复杂的，所以需要有一种复杂的思维去理解。比如说我们有时候觉得变化是美好的、建设是美好的，但是有时候建设也就意味着破坏，创新可能意味着毁灭，可能建设越多毁坏越多。所谓的落后也很可能是最可贵的。昨天我从福州过来，到了深圳的T3航站楼，我就问接我的朋友T3航站楼是否跟地铁接驳，他们说没有，只有原来的航站楼才跟地铁接驳。我说，那这个航站楼，就是一个"私生子"。什么意思呢？没有规划，它就出现了，或者是不在规划之内。实际上我们中国现在很多东西都不在规划之内，没有深思熟虑，没有精打细算，没有作整体的思考。所以我们看到的想到的是随机的、随心所欲的，或者只是跟个人爱好有关的。这往往就有很大的麻烦。这个麻烦就是，你缺乏周全的思考，对可能产生的负面的后果，缺少一个统筹或者预计。我们生活中很多的麻烦，都跟这种激进、疾风骤雨般的变革有很大关系。我们的变革，最怕的是轰轰烈烈走过场，最怕的是临时性的革命。这种临时性的革命经常是一种拍脑袋式的，靠一种文化的冲动或者本能性的冲动，就产生了很多的"新事物"，这很麻烦。所以我到一所学校，总是希望看到有很多大树，希望学校有自己的传统。包括这个校区，也是沿用了几十年甚至上百年的，包括学校的校舍是旧的校舍，能够看得出历史的痕迹，包括看出人性在这里所造就的一种文化氛围。但是恰恰是这些东西，大家总是更难理解，我们太求新、求异、求变，我们太习惯赶超，我们太习惯做世界第一，或者中国第一。对教育而言，可能真需要换一种心态了。

我前几年写了《教育是慢的艺术》这本书，实际上人的成长都是慢的艺术。树木的生长，哪怕长得再快的速度，其实也是慢的艺术，都要靠时间的累积，都有它自身的规律。你别太急功近利了，别太追求立竿见影了，希望变革从你手上开始，在你手上见到成效，这种心态都是有问题的。其实教育，尤其是基础教育，真的是只问耕耘，不问收获。因为收获可能是20年以后，甚至到几十年上百年之后才能够看到的，并不是马上就能评判。比如说从考试的角度来说，分数是立竿见影的，但是这个分数，是不是都是道德的呢？分数是不是付出了过多的生命成本呢？分数太好是不是也有可能是很糟糕的一件事情呢？有时候你的理解，是需要时间的沉淀的。但是我们今天在这方面的思考太少了，尤其是为了某个分数所付出的生命代价，这个思考太少，或者可以说，我们还没办法直面教育中的某些很惨痛的结果。所以我的看法是，分数不应该仅仅是"单数"，分数还应该是"复数"。所谓的复数，就是要看生命的成本，要看对学生身心的影响，要看从未来的意义上，你所做的一切，是否符合教育的规律，符合生命的规律，符合人性的规律，这一些是不是更为重要？今天中午吃饭的时候，有一个朋友就跟我说她的孩子才读到大班，晚上做作业要做一个小时，这肯定是违背人性的，违背生命成长的自然规律的。幼儿园很"优秀"的一个孩子很可能到小学就厌学了，小学很"优秀"的学生，很可能初中的时候，就出现问题了。我的一个大学同学在美国一所大学做心理学教授，带博士生，也带来自中国最优秀的学生。我曾经跟他探讨过，我说，中国学生最大的问题在哪里？他说，最大的问题在于——学业枯竭现象。所谓学业枯竭现象，就是说中国的学生，在自己从小学到高中的学习过程中，付出了太多太大的生命热情与生命强度。就像最近上海的PISA测试，又是世界第一，已经三次世界第一了，上海这次非常重视。我的一个做媒体的朋友告诉我，那天所有上海的媒体都把版面空在那里，就等评选的结果。我们太在意这个"第一"了，我们在意我们的成绩，我们太在意别人对我们的评价，在意在世界上所谓的排名。但是我们忽视了一个很重要的东西。人家比你考得差的那些国家，比如说一天只花了五个小时学习，而你花了多少？13个小时！你花了这么多时间学习，一定对你的生命状态、精神状态，对你的学习热情，包括你的想象力或者创造力，都有很大的损害。这是人性的规律，或者说生命的规律，没有谁能够逾越的，逾越就会有麻烦。逾越的麻烦就是这些年厌学的、轻生的、绝望的孩子越来越多。我9月初到上海去讲课，有一个朋友告诉我上海最好的一所中学十多天时间里有三个孩子自杀，我们媒体不会有这些报道。中国每年几十万的人自杀，学生占了其中一个很大的比例，虽然这个比例仅仅是一个数字，但你还原到一个家庭中去，这就是悲剧，这就是惨绝人寰的灾难。所以我经常跟当校长的朋友说，对于一所学校来说，如果一年、十年甚至百年，都没有孩子因为学业问题、因为教育的错误、因为学校中的人际冲突发生过轻生的行为，这个学校才是真正宜居的学校，这个学校才是像家的学校，这个学校才是真正美好的学校。

  但我们今天可能把这一切都看得太轻了。我们经常明明知道这件事情做得不对，但是没有勇气去制止它。明明知道孩子不适合走这条路，我们没有勇气说：不同的家庭，可以培养不同的孩子；不同的学校，可以坚持不同的信念。做到这点真的很难。我今天跟大家分享，并不是说我口袋里有改变教育的什么锦囊妙计，没有。我跟在座的大部分朋友都一样，我也是一个孩子的父亲。你们也是孩子的父母，或者你们以后也会成为孩子的父母，你们班上的每一个孩子，都是父母唯一的孩子。不要说应试教育到底要等多久，我们才能够变革它，我们不要想这个问题呀，可能在我们这一代，我们孩子这一代，甚至我们孙子这一代，教育的某种困境还很难改变。但是，我们可以思考的是，能不能从能够改变的地方做起。"想大问题，做小事情"。像这次校长请我来讲课是做小事情，我们既是做小事情也是跟大家在一起想大问题，想大问题做小事情，从能够改变的地方开始。你哪怕面对的是应试教育，但也可以使它更人性化，使它成为有温度的应试教育，而不是冰冷的应试教育，是更尊重人的应试教育，是在人困难的时候，能予以援手的应试教育。我有一次就跟一个教育局长说，其实高考结束之后，更需要做的，是给那些失败的学生挂个电话，给那些无助的家庭提供一些帮助。可能这样的工作对教育来讲才是最需要做的，也是最富有人性力量的。其实我们可以换一种角度去思考教育，这就叫以退为进，以退为进也可能是一种最不坏的态度。所以，我希望光明中学能带给学生一生的光明；我们这里的老师，能够给孩子一生的温暖。很久以后学生可能记不住老师的名字了，但是他可能记得住老师在课堂中的某一个细节，记住老师在自己最困难的时候，所给予的一些安慰与温暖，这些才是我们做教师的本分。我前面所讲的是我的开场白，这个开场白可能有点长。

教师本分的素养：首先是手艺人

怎么当教师呢？在座所有的教师都比我更知道怎么当教师，但是你们刚才有没有发现我一个人在这里滔滔不绝地讲了很长时间？我刚才讲了多久了，半小时有吧？我可以滔滔不绝讲好多天。但是我大学毕业的时候，我的老师给我写的评语是什么？张文质同学性格内向，不善言辞。我是一个在别人面前讲话，会感到非常恐惧非常害羞的人。我读大学时最羡慕、最敬佩的人，是能够站在这里滔滔不绝的人，我对我们学校获得演讲比赛冠军的同学敬佩有加。我去中学实习时，那是恐惧至极。我后来的成长道路，现在重申一句，第一是要摆脱家庭的负面影响，第二就是要具备与一个教师身份相配衬的能力，要自我培养起来。

今天我把它归纳为做手艺人。我们首先是一个手艺人。这个"手艺人"概念的提出，它就摆脱了一切的政治对你的影响，不管是什么样的时代，哪怕是在民国，即便是清朝，即便是共和国，你只要是教师，都可以把所有的政治放在一边。我能上课，你能把我怎么样？我有我的手艺，比如说我能讲话，我能了解学生，我能处理课堂中随时发生的各种各样的难题。今天所需要做的，所需要确认的，就是我们要把自己看作是一个手艺人。其实对一个教师来说，你的学科素养，决定了你教学的高度。你对相关学科的理解，比如说你教地理，你对语文，对历史，对政治，对其他所有学科，包括自然学科、人文学科的理解，也就决定了你这个学科的宽度。既有高度，也有宽度。我现在还要说一句，你对人性的理解力，决定了你教学的深度。我的一个朋友夏坤老师，教中文教得非常好。他诗词也好，音乐也好，古典文学也好，还上电影课，出了电影课的书。他说他受他师父一句话的影响很深，他师父说：你要想做一个好的语文老师，先把中国"二十四史"读一遍！我们在座的语文老师有没有读过"二十四史"的，或者把《史记》读一遍的，有吗？有的举下手。夏坤告诉我，他到现在不止读了一遍。他开始觉得师父给他这样的建议，是在故意跟他作对。但是他读完以后，发现他把所有的历史问题，包括文学问题，都弄明白了，这叫触类旁通。

我把教师的教学分为五种境界。第一种境界一般是指教学三年之内，叫作按部就班。所谓按部就班，就是根据教学要求、教学进度、教学计划，根据教科书、教参、教研组，包括你所跟师父的具体要求，亦步亦趋地去做。实际上，你更重要的是严格地遵循最基本的教学思路进行教学，包括你师父所交代的具体的教学思路。我觉得这个时候的具体教学，更需要走正道。走正道就是把基础做扎实，把笨的功夫、细的功夫做到位。也就是说，你做得越扎实、越细致、越规范，越有助于你今后的发展。所以，今天的教学麻烦在哪里？有很多的编辑告诉我，现在像北大中文系出来的学生，一个不出差错的句子都写不清楚。越来越多的人，连一个句子都写不清楚了，这是一种情况。另一种情况是，完全丧失了对语言的敏感力。其实对语言的敏感力，并不仅仅是天分的东西，实际上它是一种积累。所谓的天分，只是具备了某种潜在的素质。但是到底能不能呈现出来，是需要你累积才能达到的。比如说，这些年有一些教师交流，新的毕业生，先去最薄弱的学校，包括医生也是，先去最薄弱的医院。这完全是跟人才培养的思路背道而驰的。其实一个教师想要成为好教师，做的第一步就是先跟着一个高明而严格的教师，亦步亦趋地学三年。今年我们深圳新创办了一个学校，是腾讯跟福田一起创办的。假期的时候，我也给他们讲过课，这些老师大部分都没有教学经验，我就跟老师们说：你们马上要开家长会了，你们用什么眼神来看家长？怎么看家长，你们可能都没想过。看家长该用什么眼神？眼神不是装出来的，眼神是一个职业人的文化呈现。比如说校长今天看到我，我从他眼睛里面看到热情、诚恳，也看到他对我的尊重，不会看到对我不恰当的神色。他是自然而然地就有一种这样的眼神。那这跟谁学啊？就是跟有经验的老师学，跟德高望重的老师学，跟师父一样严格的老师去学。这个多重要啊，但是把年轻老师抛到最落后的地方去，就变成了一个野孩子，想怎么教就怎么教，三年之后，这些人基本上就废掉了。我们有时候对这个职业没有回到职业本身去思考。麻烦就在这里，你要回到职业本身去思考这个职业，就有它自身的一种规律。所以第一步，在我看来就是按部就班。

上手之后，就进入另外一个境界。傅国涌先生有一本书叫《得寸进寸集》，跟我所讲的第二境界一样。得寸不是进尺，而是得寸进寸。实际上得寸进寸是在你能力范围之内，是在你的经验范围之内，是在你现在能够把握的一个空间里，进行一个适当的、微小的变革。在师父的基础上，可以借用冯友兰先生的话来形容："照着讲"和"接着讲"。"照着讲"，首先要努力做到结构性相似，然后是追求一种精神性的相似，而能够做到"接着讲"是一件非常难的事情。

第三个境界是有板有眼。所谓有板有眼，就是你的整个教育理解力，你的教育素养，包括课堂中的表现力，能够符合教育的基本规律，符合教学的基本要求，也就是原来说的吃透教材，吃透学生。其实教学是需要个人表现力的。个人表现力并不是凭空而来，并不是想象的结果，在我看来，它是生长的结果，它是自然生成的，也就是我们平常说的水到渠成。你基本挑不出他教学中的破绽，你基本就可以断定这个教学不会有太大的纰漏。而正常的状态下，他所教出来的学生，基本上不会出大的问题，或者大的差错。这里我还要加上另外一个观点，就是对教师的管理其实也可以分类。对达到"有板有眼"水平的教师的管理，更多的要从他律的管理转向自我管理——自律，自我设计，自我把握，自我评价。

第四个境界是融会贯通，某种意义上也可以说超越了原来学科的边界。其实是打破了学科的边界，穿透了学科的篱笆，使得更丰富、更开阔的知识进入了课堂。这时候教师实际上已经有比较鲜明的个人风格。他对学生的影响不仅仅是知识性的东西，他的道德感，他的情感表达，他的性格与风度都构成了对学生的滋养。融会贯通其实往往属于中年教师。"教育是中年人的事业"。

最后一个境界叫随心所欲。孔子说，随心所欲，不逾矩。也就是说，教学具有鲜明的个人风格，具有个人精神境界与独特的表现方式。这样的教师，可以称为人师。他对学生最为重要的影响，是他的个人风格与精神境界的影响。说实在的，我在全国每年都听超过 100 节的课，但真正能达到随心所欲、游刃有余的教学境界的老师还是相当少的。回过头来说，这样的教师少的原因，并不是我们境界达不到，而是我们的素养达不到，还包括我们作为手艺人的活达不到。你说手艺人，他是不是读书人呢？他要不断地扩张理解力的边界，他要不断地汲取一种新的血液，而这本身就是不断丰富他的理解力的过程，尤其是对人性的理解。他才可能在各种各样的限制中，不受限制所困、所羁绊。最为重要的，真正具有穿透力量的，还是来自知识本身。因为知识会使你感到有一种内在的温暖和支撑。你要想成为一个手艺人，就要把阅读变成习惯，把阅读变成生活，把阅读变成每天的功课。

既然是手艺人，就有手艺人的生活方式和生活习惯。比如说，教师作息制度跟其他人不同。比如说，教师能不能熬夜？能不能酗酒？能不能抽烟？他律总是有限的，有边界的，有局限的。但自律就没有，有时候可能不需要什么规定。当教师就需要是健康的。教师不仅是干脑力活，还是干体力活的。比如说你体弱多病，你会不会影响到对学生的某一种引导方式呢？会不会对特别活跃的学生感到讨厌呢？会不会特别难以忍受调皮捣蛋的人呢？我的孩子上一年级的时候，她的老师就是体弱多病的。孩子回来说，老师在班上最讨厌爱说话的同学，最讨厌经常提出问题的同学。后来孩子告诉我，老师在班上设了一个最小的职务——桌长！我的天啊，这就是世界上最小的职务。每一个桌子有一个桌长。但更不幸的是，我女儿连桌长都当不上。因为她就是调皮捣蛋的学生。所以按手艺人这个层面来说，身体很重要。身体可能也支配着我们的思维。

我们以前没有意识到，其实教师这个职业对人的心灵健康、精神健康要求是很高的。因为任何一个情感的瑕疵，或者说童年的不幸，通常就会在你教学过程中，尤其在你教学过程中受到各种压力或者在身体疲倦的时候，非常容易地表现出来，从生物学上来说，这就叫"生物疤痕"。也就是说，童年受到的某种挫折、伤害、焦虑，形成了生物疤痕，你一遇到这种情景，就会发作。我们以前对这方面的思考是不多的。现在凡是跟学生、家长冲突比较严重的老师，并不是他"现在"的师德有问题，往往是因为他童年有问题，他童年是在不安全、得不到肯定、得不到理解的环境中成长的。所以，有时候不要把教师的道德放得太高。可能更重要的是把童年看得高一点。一个在童年得到更多疼爱的人，面相都不同。大家看一下彼此的长相，就知道童年过得怎么样。我们大部分人都是长着一张苦瓜脸，我这个年代的苦瓜脸更多。我有一次到一所小学，校长得意地跟我说，我已经六年没有表扬过一个老师了，我就说，他就是大苦瓜，然后老师都是中苦瓜，学校孩子都是小苦瓜。校长怎么会得意洋洋地跟我说六年没有表扬过一个老师啊，他还把这个当成业绩跟我分享，你说这个校长童年过得有多苦啊。一方面我们从学校来说，要选择更适合的人来当教师；另一方面，我们当了教师之后，确实要时刻意识到，我是一个教师，更重要的是把那些他律的东西转成自律。我的一个徒弟，北师大民俗学博士，毕业刚到福州时跟我说：师父，我要当老师，你说最重要的是什么？我说：最重要的一点就是你时刻要想到，你是老师，而这个"你是老师"，它不是他律，而是一种自律。比如说，你是一个老师，你的穿着就要得体、大方、简洁、舒适。我上一次到上海一所很好的学校讲课，9月份，发现很多女老师都穿着超短裙、超短裤，我觉得这好像不太合适吧，好看是好看，可这是学校啊。但是校长跟我说，这好像不好要求哦，因为教育局也没有明文规定不能穿热裤。我说这个不需要规定，你穿这么短的短裤，这么薄的衣服，你怎么上课，怎么走路，怎么在教室里做一些动作？

  我认识一位上海的画家。他跟我说：我这几年都不走运，张老师研究教育、研究人性，对我有什么建议呢？最后我建议什么？我说：你一定要改掉你说话的方式，声音高八度，又快又急，你改音就可能"改运"。当然这是夸张的说法。但从另一方面来说，作为一个教师，其实声音是可以自己控制、自己修饰、自己调节的，你的声音应该是愉悦的、从容的、舒缓的、让人觉得有安全感的。所以，当你意识到你是手艺人的时候，你就产生了很多自己的理解，包括穿着打扮、谈吐、声音、手势、说话方式等等。其实这样的改变，不就是把你变得更美好吗？当这些发生变化的时候，家庭关系也会发生变化，亲子关系也会发生变化，邻里关系也会发生变化，包括跟所有人的关系都会发生变化。这不是他律的结果，我们可以把它叫作文化自觉。

  我接着讲第二点，有趣的人。其实教师应该是一个有趣的人，教师不应该是一个乏味的人，不应该是个面目可憎的人，不应该是一个让人畏惧的人。我们很多教师做父母，为什么做不好？一个是对自己孩子要求太高，第二个是对孩子过于严厉。我们在家里当班主任比在学校里做班主任更认真。我们总是以为自己的孩子是世界上最聪明的孩子，我说最简单的话语你就能听得懂，我用最低的标准要求你，你就能做出最好的效果。我去一个亲戚家里吃饭，发现这位亲戚的孩子吃饭吃得非常快，我就问他为什么吃得那么快，他跟我说了一句非常有意思的话，"要吃得快点，这样我妈妈就是想批评我也来不及"。他妈妈是中学老师，家里一吃饭就开始批评。所以孩子吃饭吃得贼快，他妈妈还没上座他就已经吃完了，这个是他妈妈没想到的事情。

教师要做一个有趣的人。其实有趣的人，会增加你的教学吸引力。学生对你的认同度，直接影响到他对这个学科学习的态度，对学校生活的态度，对自己成长的态度。我们教师在社会评价里面，经常都被人评价不高，因为教师普遍被认为很古板、较真、乏味。我在福州有一个"1+1读书俱乐部"，我们有这样一个规定，每一次读书活动，不得说对学校的负面评价，不是我们生活中没有负面的东西，而是更重要的是要把美好带给别人，因为这个消极情绪、灰暗情绪，是非常具有传染力的，我觉得我们不能做"祥林嫂"。现在一个学校一旦出了问题，最倒霉的人肯定是校长，老师一有空就在办公室骂的人也是校长。有一位朋友今年到了一所学校工作。他说："我们校长太善良，老师天天在办公室骂他。"我问："骂他什么呢？""骂他，人家学校工资都是15号发，我们28号才发，人家绩效是一个月发一次，我们是三个月发一次。"我又问他："15号发的工资跟28号发的工资是不是一样的呀？"他说："是一样的。""每个月发的绩效跟三个月一起发的绩效，最后总的数量是不是一样的呀？""是一样的。"我说这就是麻烦啊，所以这种消极文化就变成了什么呢？校长很强势的时候，所有人都像过街老鼠一样战战兢兢，校长很温和的时候，学校所有人都在骂校长，骂校长变成一种文化。实际上不仅校长挨骂，副校长也挨骂，所有主任都挨骂，最后所有的学生家长也挨骂。学校的负能量有时候真的很可怕。我曾经跟我一个很好的校长朋友建议：你到这个学校以后，看你工作有没有成效，有一条检测标准，就是教师生病人数是不是降低了。如果降低了，说明学校比较生命化。后来我才明白，其实有时候，我们生病是跟我们消极的生活跟消极的情绪有很大关系的，也就是说，你身体里面，从来没有分泌出多巴胺，你是更容易得病的。我去讲课，最怕给谁讲课？给局长讲课、给主任讲课，接着是给校长讲课。福建有一个号称我粉丝的局长，我每次讲课的时候，他都坐前排，他从来不笑，从来没表情，眼睛看着你的时候，总是愁眉苦脸的。后来，我建议他说：你能不能坐到后排去？其实讲课讲三个小时，可能不辛苦的，因为大家的反馈就自然地改善了你身体的状态，但是这个人坐在这里，这节课讲起来是非常不幸的。所以我讲课会经常引用李敖的一句话，李敖说他讲课最怕三种人：第一种人就是打定主意不鼓掌的人，不管你讲什么，不鼓掌，没表情；第二种是听了一会儿就出去小便的人（今天好像没有呵）；第三种，更可怕了，是出去小便之后再也不回来的人。李敖大师那么强悍的人，都很怕这三种人。所以我想，所谓的有趣，就是要有自己的精神生活，有自己的生活乐趣，有自己的自然的表现形式，有自己更为人性化的跟别人交往的方式。我们自己的生命就会自己发动了，而不是别人来发动你。其实我们今天的学校，如果有更多阳光的老师，更多让孩子活得很开心的老师，更多能够把知识变成美好的滋养的老师，那该有多好。我们这些年评的全国十佳教师，有很多都是身残志坚的、家庭不幸的——这不是正道！正道应该是让在座所有的教师都健康、快乐、有味道。

前不久我回华东师大，我的老主任，当年的系主任，今年100岁了。我当时就在想，其实健康而长寿应该成为我们的奋斗目标，身强力壮你才有真正的尊严，并不是你有思想就有尊严。如果整天病怏怏的，你再有思想又有什么尊严呢？比如说我今天坐着轮椅，歪歪唧唧地在这里讲话，你对我有兴趣吗？可以说当老师的，就应该身强力壮。精神健康，身体健康，有表现力，有趣味，这才是好的。但是反过来说，真正长寿的中小学教师很少，这是为什么呢？我想把它作为一个问题提出来，也就是说，我们要努力追求健康长寿。变成一个有趣的人，变成一个热爱生活的人，热爱生命的人，这就是我们的起点。

第三，良善的人。所谓良善的人，就是作为一个教师，他应该始终葆有童心，始终有一颗善良的、光明的、清澈的、开朗的心。我今年夏天在上海讲课时，讲了一个教育寓言。我说，我有一次到河南给小学生上课，上《丑小鸭》，一个小学生问我丑小鸭是怎样发现自己成为白天鹅的。后来有个学生说，它在湖边见过白天鹅在天上飞翔。但是当它自己也在天上飞翔的时候，它是怎样发现的呢？孩子们说，清澈的湖面上映照出了它美丽的身姿。我问：要是下面的湖水像现在这样浑浊的话，那只天鹅能知道自己是天鹅吗？小朋友就说，它会以为自己还是丑小鸭。也就是说，今天这种污染的环境，很可能会使这只丑小鸭在天上飞到死了都不知道自己已经是一只天鹅，因为没有湖面映照出来。我把这个故事看成是一个教育寓言。教师要做清澈的湖面，才能映照出天鹅美丽的身姿。对教师而言，心地善良、纯洁、葆有童心，总是会用善意去理解人，总是会用善意去鼓励学生，无论学生遇到什么问题，总是有勇气站在他身后支持、帮助他，这就是一个良善的人。你是一个良善的人，你就一定有良善的回报。你善意地对待学生，一定会从学生那里收获到更多的善意，这大概就是我们这个职业最好的回报。前段时间在微信上有个朋友传了篇文章，说一个美国的孩子写信给报社，说：我在家里天天做好孩子，爸爸最多表扬我"你真乖"，我的弟弟是一个调皮捣蛋的人，稍微表现好一点，爸爸就会把巧克力奖励给他。我就问："为什么我做好事得不到好报？弟弟经常做坏事反而经常得到好报呢？"这个报社的主编觉得这是一个难题。后来他从与教会的朋友交流中得到启迪，他的结论是，你成为一个善良的人，你成为一个好人，这就是最好的回报，你成为一个恶人，很可能就是最糟糕的回报。因为人，其实并不是等着人来评价你，人都有一个自我评价。大概正是这个自我评价让很多贪官得了很糟糕的病，因为他的恐惧、自责、紧张、焦虑，都会导致疾病的。一个善良的人，他坦荡荡地生活着，心中没仇人、眼中没仇人、身边没仇人，这不就是最好的回报吗？所以良善的人并不是说要等着回报，而是自酬自报，自己就给自己最好的回报了。

第四，有助益力的人。师生关系、人际关系中最好的关系就叫作有助益的关系。你的存在是给他人一种助益，你的生活是给周围人的生活一种助益。前面是讲的意识、素养，这里更重要的是讲你有具体的生命能力去帮助别人。

上面这四点，我称之为教师的本分，也就是这四种素养，是每个做教师的都应该具备的，教师这个职业如果有门槛的话，这就是门槛。而且从教育的角度来说，两个东西是不可分割的，一个是专业素养，一个是道德素养。这两个东西很难分割，但有一个特征，越往基础教育走，对教师的道德要求越高；越往高等教育走，对教师的专业水平要求越高。而我们中学教师正好处在两者之间。一方面，我们对中学教师的专业要求水平要高于小学教师、幼儿园教师，我们对中学教师的道德要求水平又高于大学教师。不是说对于大学教师道德要求不重要，而是大学教师所面对的学生，有更多的自我判断能力。

我现在到高中听课，就不是很重视这堂课是否很活跃、是否笑声很多、是否学习更自主，因为这些固然重要，但更为重要的是学术的深度。越是到高中，学术的深度、独特的理解力、丰富的资料、不同见解的素材，就变得越来越重要了。所以这也逼迫着我们老师需要成为一个更为丰富的人，成为学养丰富、情趣丰富、能力丰富的"杂家"。

从本分到境界：四个核心素养

第五点开始，其实就是境界了。第五是有创建力的人。比如说我认识钟杰老师，是在网络上认识的，我看了她对学生的研究，让我对她非常敬佩。当时不知道她是哪里的老师，但我看她的文章，她对问题学生、对复杂学生的研究，我认为在全国来说都是走在前列的。在全国对学生研究得这么细致、深入、系统的老师不多，这就是一种创建力。我们今年夏天在上海做公益活动，请了几个老师来义务讲课。其中有一个上海的老师叫丁慈矿，他对对子的研究，对民国作文的研究，对民国文化的研究，不是小学水平，是大学水平，但是他乐意在小学当老师。这样的人在小学里当老师，那叫作凤毛麟角，他自然而然就让人非常敬佩。还有绍兴的一个老师，叫刘发建，研究鲁迅。还有一个小学老师叫吴启雷，刚刚出了一本研究岳飞的书《江山北望》，他对宋文化熟悉得一塌糊涂。他是上海博物馆里面宋代书画的义务讲解员，为了写《江山北望》这本书，他说他读了将近700本宋代的书籍，让不让人敬佩？所以教师的创建力跟阅读总是联系在一起的，见多才能识广或者说见多了才能够有所创新。全国各地包括我们团队里面的很多老师都有自己的研究领域，我们这些老师都可以叫草根教师、民间教师，往往在体制之内并不见得有什么荣誉，当然在深圳不错，我相信深圳的荣誉教师也是在体制里面有自己的地位的。民间跟体制并不是完全对立的。按照我的看法，还是有共识重叠的。比如说你们的校长跟大家的看法是有很多重叠的。越是开放、越是民主、越是尊重知识的地方，我们就会有更多的共识重叠。我们需要更多有创建力的教师。

第六，有第二种生活力的人。为什么说要有第二种生活力呢？教育是我们的一种生活力。我们还需要有第二种生活力。比如我刚才说的吴启雷老师，他是上海自行车职业运动员，他现在做俯卧撑能连做220下，在座的年轻教师有谁能够挑战一下？他对中国古代文化的研究本身就是第二种生活。钟杰老师除了上课以外，进行研究和写作，本身也是第二生活。现在要倡导"新生活运动"，新生活运动也跟捷克思想家哈维尔的"存在的革命"这一观点一致，存在的革命就是说不要把这个教育体制包括应试教育当作敌人去反对它。好像没有把它推翻，我们就不能够过新生活，不是这样的，而是基于它的存在，我们既承认它，我们又有自己的生活。这点对教师而言就更为重要，其实教师对学生的影响，更重要的是文化影响或者叫生命影响，真的像雅斯贝斯（德国哲学家）说的，教师是用一种生命去影响生命，用生命去推动生命的工作。比如说学校文化，比如说如果我们校长倡导体育，倡导激发学生的生命活力，但是校长从来不参加任何体育活动，校长本身对体育毫无体验，那其实是怎样倡导都没有用的。教育更重要的就是身体力行，更重要的是生命示范，有时候甚至是手把手地教。包括父母对孩子的影响也是这样，离不开自己的亲力亲为。所以从这个意义上讲，教育更像是农业，更像手工业，它不能批量生产，但是可以用生命作示范。

第七，我觉得我们所有的老师都要追求有自己的作品。我们的孩子、我们的学生是我们的作品，但更为重要的是要有文化作品，文化作品包括我们的文章、我们的书籍、我们的某些项目。我建议学校有一些独创性的东西，可以用老师的名字来命名，所有我们老师个人的、有很深个人生命色彩的创造性的东西，可以用老师的名字来命名，我们教育领域用老师名字命名的非常少。我觉得我们到中年了，或者说年纪更大一点，我们出版了自己的成果，这是一件很美好的事情。每个老师都可以努力，要有作品感，要有作品意识，把它作为一个追求目标，我们就会有作品了。

最后，我们还要努力成为一个有影响力的人，有一种精神的辐射力，能够越过学校的边界、区域的边界，包括教育领域的边界，对更多的人产生辐射力。可能在一个好的学校，有时候某个老师的影响力比校长还要大，在一个好的地区，有时候一个校长的影响力比一个局长还要大，在某一个领域，一所学校的影响力可能比当地最有名的产品还要大，这些都是可以追求的。又回到我前面所讲的一句话，你是一个手艺人。你有了这个手艺，有了这个素养，有了这个影响力，你就不会在一棵树上吊死，你就不会受锢于某一个局限，你就不至于一条路走到黑，你就不至于跟谁你死我活。可能更重要的是你有很多自己关注的领域，你有很多的朋友，你有了这样的素养，其实就增强了生命的强度，包括加深了生命的美好体验。有了美好的经历、美好的体验，你自己就会成为一个更美好的人。

最后归纳一下，我们可以经常思考的三个问题。比如说从明天开始，我们能不能让课堂有一些变化？明天会发生什么呢？明天会不会有奇迹出现呢？所谓的奇迹就是，我愿不愿意让明天变得更美好一点呢？我愿不愿意有所改变呢？比如说我以前也会对人有比较深的某种敌意、戒心，有时候受了一个人伤害之后，很容易把自己藏起来，现在发现，实际上那都是弱者心态。我不是说我现在要做强者，而是要做一个健康的人，要更直率地、更诚恳地、更没有敌意地跟人交往。哪怕有分歧，我说出来，我说出来只不过是对分歧本身，而不是对人本身的敌意。我觉得我活了这么多年也是慢慢地成长了，就像契诃夫说的，把身上这些消极的东西一点点地挤掉。然后我自己也觉得，我现在跟人交往，不管你是高官还是普普通通的人，哪怕是可能对我不友好的人，我用一种自然、诚恳、善意的方式跟你交往，这是一种精神的开放与接纳。这也就是说，人性是具有一种同理性的，并不是在特殊的人里才有这个人性的东西。比如说你坐出租车，你善意地跟师傅交流，我相信你坐这趟车会更安全。因为他心态放松，你的心态也放松，他友好，你也安全。最后，我们努力的就是，我的人生，有没有过成我想象的样子，是不是我期待、力图达到的那个效果？我是一个矮个子，但我希望成为一个有魅力的矮个子，这个魅力会使你忘记我是一个矮个子，或者说你哪怕再高大，你跟我站在一起的时候，你并不觉得我是一个矮个子。也就是让自己生命中内在的力量能够放射出来，然后你就会越来越接纳、肯定自己，你可能就会过得更幸福一些。刚才在PPT的片头上，有我的电话、微信、微博，最后我想说的话就是，虽然我不是一个土豪，但还是很希望跟大家做个朋友的。我们今后还会交流的！谢谢！

教师应具备怎样的素养

时间：2010年10月29日
地点：苏州市枫桥中心小学
与会人员：枫桥中心小学教师
录音整理：周小珍

校长的角色应如何重新定位

　　谢谢徐校长，也谢谢在座的各位老师。我非常高兴看到大家，我也知道大家对我还是有所期待的，这种被期待的感觉很好。我前两年曾写过一篇小文章，说我这辈子最大的愿望就是当一所小学的校长。实际上，我对小学提过很多要求，后来对照一下这些要求，我就发现自己做不成小学校长。其中有一条最为重要的就是，做一个小学校长需要特别顽强的心智。

　　刚才我和金副校长走到校门口，我一看到那么多家长等着接孩子，就非常紧张。我就想，我要当小学校长，肯定不会像现在这么胖了，每天提心吊胆、殚精竭虑的，肯定睡不好。像我这样的人去哪儿讲课都睡不好，你说当校长，怎么睡得着啊？徐校长前几年也经常睡不着，一想到一所学校已经建了一百年，我们枫桥人民又给了一个亿盖了一所那么漂亮的学校，让他当校长，就睡不着觉。

今天上午，我才发现，这次校长请我来是有预谋的，不仅请我来讲课，其实他还有很多想法。他跟我说，光是学校的新楼的命名，他就焦虑了很久。我跟校长说，真的是这样，不能随便起名字的。四川人有一个说法：不怕一个人生一个歹命，就怕一个人起了坏名。对学校来说，一栋楼的名字会传下去很久。我到一些学校去看，常常看到这座楼叫"求真楼"，那座楼叫"求知楼"，这座楼又是"勤奋楼"，我就在想：我们中国人也太没文化了，怎么都是起这样的名字？

今天中午，我在房间里休息时就一直在想：校长的角色到底应该怎样定位？校长这个角色既是行政体制中的一员，同时又是管理团队里的一员，这个管理团队包括教育局、街道、进修学校，以及包括我们学校的管理团队。他也是教师团队里的一员，不管是称之为"平等中的首席"也好，还是说一个学校的"学术带头人"也好，总而言之，就是其中的一员。同时他又是一个生命团队中的一员，这一点往往会被我们忘记，你可能经常想到自己的管理身份，但没有想到你同时是生命团队中的一员。

我刚才在路口看到路边的交通，那么复杂，我马上就想到，这个时间应该有警察在这里指挥，而不能仅仅靠大家的交通意识、礼让意识。礼让意识和交通意识很重要，但是某一个关键时刻，可能需要跟警察联系，需要有人维持。校长有时候就要做学校中维持交通秩序的警察。

任何一个孩子被磕磕碰碰了一下，都是一件可能让他一天都变得很痛苦的事件——因为他是生命体。你是你家庭中的一员，是亲友团队中的一员，又是社会复杂关系中的一员，你可以不断地排列下去，你都是其中一员。我说这个不断排列下去意味着什么呢？任何一个人思考问题，都不能只从一个系列里思考。比如说，你从行政系列思考，按我们这个体制，是对上负责；作为生命团队中的一员，你可能更需要对每一个生命对象负责；社会关系里面，则是一种非常复杂的人际、血缘、利益……你怎么把握它？作为一个校长的角色，他会比教师更为复杂，他承担着更多的责任,他需要更多的知识,有时候他需要更好的临场智慧。

教师的核心素养:临场智慧

加拿大有个教育学者叫马克斯·范梅南,他特别强调临场智慧。他说到教师上课"凡是事先准备好的都不叫智慧",什么叫智慧?——在现场,面对具体的问题产生的理解力和处理的能力,这叫智慧。我今天上午听郑老师的课,他的一些细节做得特别好,他更多的是用板书的方式,而不是用电脑打出来的方式。区别在哪里?电脑打出来的就是你事先准备好的,而板书的方式,是你根据学生的问题,及时地作出你所认为最恰当的回应,这就是智慧。

教师,为什么别人把你称为"农民式的""手工作业式的"?因为这个职业需要一种特殊的情境,有一种问题意识,有一种对象感,还要有一种差异的意识,他要面对的是具体的个人。比如说今天我们听的第二节课,老师说"今天某某同学读书的声音这么响亮",然后问大家,"他的表现是不是很好?"大家都说,很好。我就知道,这个孩子一定是家庭文化或者个人成长方面有些困难的孩子,所以老师会以一种"这个表扬只适合于他"的方式表扬他,这个表扬就只适合这个人,你才会这样表扬。要是面对一个班上表现很好的同学,你表扬他说"今天他能用这么清亮的嗓音来回答问题,是不是很精彩",这个被表扬的同学就会觉得受到了羞辱。这里面就有一种个别性。

这样一种有针对性的教育方式,其实是教师素养里面最为核心的素养。你需要不断地把你的知识转化成在现场教学过程中解决问题、促进思维、鼓励学生成长、化解矛盾、升华智慧的一种素养,这个素养就是我们教师的看家本领。教师这个职业得以变得有意义,和我们的临场智慧是联系在一起的。

要用多维、多元的观点来理解教育

今天中午看了凤凰卫视的一个节目——《有报天天读》，里面讲了一个新加坡学者郑永年教授的观点。他说需要把我们原来所谓的对外关系，比如说中国跟日本、中国跟周边国家、中国跟美国或其他任何一个国家的关系，转化为国际关系。对外关系与国际关系有区别吗？按郑永年的观点，是有区别的。比如说，钓鱼岛问题，是中日问题吗？是对日本的对外关系，是跟日本有关的对外关系，但它会影响到中国跟周边国家的关系，会影响到中国跟美国的关系，甚至会影响到与更多国家的关系。他的观点就是：即使你处理与任何一个国家的关系，都需要有一个全球的视野，这个是我们原来思维里面缺少的。我们原来思维里面更多的是头痛医头，脚痛医脚。

这件事情跟刚才说的校长角色有什么关系呢？法国著名哲学家、教育家埃德加·莫兰提出，需要有一种复杂的、多维的、多元的观点来思考和理解教育。比如说，刚才说到的角色差异，就是复杂的。每一个人身上都承载着社会关系的准则，按照马克思的观点，每一个人都是社会关系的总和，非常复杂。你处理任何一个问题，若处理不好，你的生命状态就会受影响，比如说，影响到你的职务，影响到你的工作状态，影响到你的心境，影响到你在学校里面的处境。

教师要帮助学生发展自己

按照我的看法，枫桥中心小学绝对不是一个小学校。你把小学的"小"字做好了，就是"大境界"。什么是小学？这个"小"字怎么写？——小人、小事、小心眼。你面对的是小孩，我称为小人，这不是坏人的"小人"。面对小人，你做的都是琐琐碎碎的事情，比如说孩子上楼、下楼、洗手、说话、坐位置……都是小事，你需要非常小心谨慎地做事情，用"小心眼"（就是特别细心的意思）看待孩子。小人、小事、小心眼，你把它做好了就是大事、大格局，就是一种境界。

我今天听郑老师的课，就在想，他原来是在什么地方当老师的？后来有人告诉我，郑老师原来是教中学的。为什么我问这个问题？我听过很多小学老师的课，小学老师的课和中学老师的课还是有区别的，区别在哪里呢？小学老师上课的不足往往在于把孩子看小了，把孩子往小里看。什么意思？我教什么都要教得仔仔细细、明明白白，教得越来越细、越来越琐碎。但今天听郑老师的课，我感觉到有一种大气，有一种从容，有很强的教育意识。他在课堂上反复强调：第一，每个同学都有自己的问题；第二，每个同学都可以设计自己的问题；第三，每个同学都可以用自己的话来解答。他不断地强调自己，不断地强调学生——生未必不如师，师未必强于生——他特别强调孩子的解读，孩子解读得好的，他让孩子上来说，并给予充分的肯定。郑老师在课堂中有一个非常鲜明的意识，就是教师要做个帮助者。教师最重要的工作就是要做帮助者，教师最重要的意义在于要促进学生的成才，教师不是让学生完全把自己所讲的东西背熟、带走，而是要点燃学生的思维，促进学生的发展。所以，我有一种很直观的，或者很经验性的感觉，我感觉这个老师上的课大气。

当然，也有不足的地方，这个不足也是教育的一个通病，就是我们上这样的课总是带有一种思维定式：咏物言志，借景生情。很容易抒情，这是我们小学教育与中学教育的通病。抒情的麻烦在于：我们上《青海高原一株柳》，很容易把高原上的这株柳树作为某种象征，但是忘记了高原上柳树的品种与霸河边上的就不太一样。将霸河边上的柳树种到高原去，未必就变成高原的柳树了。我到新疆，看到胡杨树，我就有感慨，胡杨树适合生长在那里。这里就有树的品种差别，树的品种意味着什么呢？实际上每一个人最重要的不是跟谁学，而是发展自己。这堂课的不足就在于，老师没有把"自己"两个字紧紧地抓住，最需要从这棵树身上挖掘的就是"自己"，而不是引导孩子跟别人学。

个人的发展是无法替代的

在枫桥，我们需要有对本土文化的认同感。这个认同感很重要啊，一个人如果不爱自己的家乡，对家乡的景物毫无感知，说不出家乡的人文常识，我们的教育就是失败的。一个人爱国家都是从爱家开始的，大的理解力是从小的地方开始的，所以小学为什么不小啊，因为它一直关联着"大"。我今天中午还在想，校长昨天说要把校园的一处命名为"雅园"，我还想加个字，不妨叫作"博雅园"，既有"雅"字，文雅、优雅、儒雅，又有"博"，博大渊深、博大通广。

其实小学才是需要做大事的。我们不能把我们小学给忘了，最基础的、最本原的、影响最深远的、影响最直接的、影响最复杂的，都是在小学。小学做坏了，小学的事情做坏了，一生都难以修改。就像版本一样，你这个版本如果不能跟人家对接，这个版本受到极大的限制，被格式化了，那就完了。一个人就局限在他早先的经验里面。所以教育所谓的失败，其实就是一个人童年的经验再也难以被更变了，而这种经验往往是消极的经验。比如说"人是不可信的"，"故乡对他都是伤害"，"这个本土文化都是落后的，父辈都是愚昧的"，如果这些经验都停驻在一个人身上，这个人就完蛋了，他就再也没有一种在认同的基础上超越的能力。

其实到任何一个国家，小学老师往往都是知识面较为宽广、品行较为端正、为人较有耐心、看上去很儒雅从容的人。这些素养恰恰就是要载入我们基础学校的，尤其是幼儿园、小学，包括家庭的餐桌、客厅，形成一系列的教育，从而形成一种好的全民素养。小学老师尤其不能小看自己。

我上次和清华大学附属小学的窦桂梅老师在电话里谈一个话题。她说，很多家长都看不起小学老师。我说，最可悲的就在这里。你要把孩子送到我这个学校里来，你又看不起这里的老师，这在逻辑上是不通的。就像娶一个老婆，把她作为仇人一样，逻辑上讲不通，那你干吗要娶她呢？你把处于成长最重要时期的孩子送到这所学校里，然后再看不起这里的老师，你又不愿意帮助他，这就麻烦了。唉，这就是中国的逻辑，中国人的很多逻辑就是这样。

比方说，我在当小学老师，你一看到人就对他说，哎呀，我那个小学太糟糕了，我太不幸了，太遗憾了，我这辈子就完蛋了。这悲哀啊！没有人强迫你要在这里当小学教师，但是你做了，又从来不能从这个职业里感受到人性的美好，不能感受到职业的尊严，不能感受到自己的工作能启迪那么多人的意义，你说你怎么可能获得专业成长呢？这是最值得思考的。

前几天，《师道》杂志编辑打电话给我，我谈了一个以前没有谈过的观点，我说一个人成其为这个人，有的是靠优点，比如姚明；有的是靠"缺点"，比如赵本山、郭德纲。你看，郭德纲长得像冬瓜似的，这是他最大的缺点，如果郭德纲长得太帅，就不适合说一些粗鲁的话，让刘德华讲郭德纲的话，你听了会很恶心的，这些话放在郭德纲嘴里说，就不恶心，因为他长得就那么下里巴人。所以，有的人成为自己就是靠优势，有的人是靠弱点的。像我这样去说相声，其实身材还是挺适合的，你们校长去说相声就不适合，因为他长得太帅了，太儒雅了点，不一定能走红。实际上，我们的教育一定要记住这一点，我们要促进人的发展，这是他个人的发展，而不是跟谁学的。就教学来说，你跟窦桂梅学？你不要学了，她血液里就有一种强烈的表演的欲望，你不让她说话，她会生病的。我当然是打比方，我要说的是，一个人有属于自己的独有的素质太重要了。

所以说，教育中个人性、个体性、个别性的意识非常重要，一个人的发展，是任何其他人无法代替的。

学校的文化有"绝对的本土性"

我今天中午跟校长吃饭,我们聊得很开心,我跟校长第一次见面,很会心。"会心"这个词只有古人才讲,我们现在很少有人讲很会心,很会心的特点是什么?——彼此都很想讲话,彼此都冒出很多的灵感,一说话就碰撞出一种智慧来,这叫很会心。我来枫桥这个地方,想的都是文化。这种文化是不可复制的,我的观点是,有些文化不可移植,不可复制。比如说,枫桥文化,你怎么移植?你在昆山也办所枫桥学校,它就跟这里不一样,它有一种绝对的本土性,我愿意用这个夸张的词语——绝对的本土性。我到新疆特地到吐鲁番去看那个火焰山,光秃秃的山,那是因为《西游记》里写到了,据说就是那个山。导游那天跟我说,所有人看完了都感慨一句:啊,这就是火焰山啊。一年60万人,就是为了到这里看了以后说:啊,这就是火焰山啊。没办法,你就必须到那里去感叹,你到别的地方感慨都不能算的。它长得再难看,就是那座山。但是它为什么这么神奇呀?这是文化赋予的。它和背后的文化关联在一起,那你谈枫桥也是这样的。学校这种文化是"与生俱来"的,千百年来,跟这块土地,跟这种文化关联在一起。这就是学校最大的精神财富,最需要继承的文化遗产,最需要传承的一种文化的力量。所以,我们顺着这样一种思路去思考的话,在历史的复杂的交叉点上,在文化非常多样的交汇点上,在时空转化中的一个枢纽点上,你就找到了枫桥的位置。我跟校长说:找到这个位置,你要再去命名一座楼的名字就不会凭空想象。你把张继的《枫桥夜泊》里面的某些意境、某些诗意、某些耐人寻味的文字里蕴含文化张力的东西给捕捉到了,所有人一进入学校,能马上从教学楼的命名、墙上的文化,看到一千多年的血液,甚至更长久的、更为璀璨的汉唐文化在流动。这种转化非常重要,其实对于一所学校,我们哪怕称之为"复活",称之为"新生",称之为"再出发",你都要找到它的源头。找到这个源头,你才能谈得上再出发。要不然,你从哪里再出发呢?如果你的命名跟这个时空都没关系,为什么是你这个命名、是你学校的命名,而不是别的学校的命名,这个就有教育研究的意味在里面。

教育的命脉:给予孩子什么样的文化童年

实际上,从这个意思里同样传递给孩子一种精神财富,那就是我生在中国,生在江苏,生在苏州,生在苏州的枫桥,一次性给定的,一次性给定的往往是有命运感的。为什么你没生在其他地方,为什么你跟这里关联在一起,这是有命运感的。我是到了自己做了父亲以后,最能体会什么叫命运感。比如说,你把孩子生下来,中国人讲算命要算时辰,什么时间生的,然后又起什么名字,好像命运就是测字、算命。你把名字、生辰交给那个非常会算的人,他会帮你算出来。我发现,这是一件很可怕的事情,好像冥冥之中有一只无形的手都给你摆好了,是吧?人身上其实从文化的意味上来说,就是有这个神秘的东西。其实,经常有人说"落叶归根","落叶归根"还不仅是文化,文化是认同。我为什么说不仅是文化,其实人的身体里面还有奇怪的声音。我举个例子:我们那边有个华侨当时在东南亚,不会说话已经好多年了,但是他就会说老家的名字,一说老家的名字就流眼泪,他女儿就知道他要回家。然后他躺在医院的救护车内,被送过去。他没有看窗外的风景,而且风景跟他小时候的又不一样,结果一过那个家乡的桥,他就流眼泪。回到老家的大厅里面,他已经好多年没说话了,看到大厅里的对联突然会说话了(读出来了)。你说非常奇怪,我说不奇怪。人身上除了知识、智慧,其实还有生命本身的能力,生命本身的能力在某种意义上,我们挖掘得都不多。为什么说落叶归根,其实跟生命本身的需要有关系。——回到故乡,人就安宁,故乡的地气,故乡的土壤,故乡的习俗……像俄罗斯的阿赫玛托娃说,她一辈子都忘不了故乡的味道。一闻到某种气息，马上就想起故乡的那个小城。为什么？那个气息是她一辈子印象最深的气息，童年的气息。我们现在一闻到某种味道，马上就想起童年的很多类似的情形。这是一生中最深刻的东西。这个东西从哪里培养出来的？只要你生活在那里，你就会培养出来；从小受到越多故乡文化的启迪，就埋藏得越深。包括一个人，最爱吃的是什么？——妈妈煮的东西，那是家乡的味道。为什么？我们的味蕾都是有记忆的，味蕾的记忆就是你童年最早吃的是什么，你一辈子都难以忘怀。我经常在想：教育实际上给一个孩子的童年最重要的启迪是什么？——丰富的、健康的、多样的一种文化，这就是给人一生最好的启迪。因为这种财富是属于你人生的，无可变更的。也就是说，考虑给予孩子什么样的文化童年，这是教育的命脉。

建构一所美好的学校，是一项复杂的系统工作

我这几年一直在研究、关注一个问题，就是小学要研究小学性。所谓的小学性，就是小学的本质属性。这么一说，面就广了，比如说小学的工作方法，小学教师素养，甚至小学教师的相貌，当然外貌和精神面貌都很重要，长得太丑的人不能当小学老师。说这个话，那个徐老师是不是特别开心，因为她长得很好看。这不是我随便开玩笑的。钱理群老师就这样说，小学老师要特别美。为什么？小学老师的这种美好，能够让孩子相信世界的美。而且人原初的经验最重要，你想想一个孩子碰到的语文老师、数学老师、英语老师、美术老师、音乐老师……所有的人都长得像武大郎一样，他以后找对象都有问题，是吧？这不是一种歧视，实际上越是原初的，越需要端正。因为这个时候，孩子更多的是从感官的层面上去理解这个世界的。而教师通过自己的品行、健康、相貌、行为方式，帮助孩子更开阔地、更完整地去理解这个世界。这个小学性就很值得研究。我觉得我

们这些年来，对这方面关注得不够。小学教师应该怎么教书？小学教师应该读什么书？我前两天还在博客上和一个教授说，我希望他写篇文章。小学老师要读什么书？你说一下（现场采访教师）。

黄亚萍：我觉得要读些关于孩子心理学方面的书。

张文质：如果你跟孩子一起读的话，你读什么书？

黄亚萍：读些童话，如《一千零一夜》。

感谢黄老师的回答。黄老师说得很好。作为一个小学老师，无论教哪个学科，如果没有读过50本童书的话，你不要做小学老师了。你不懂格林童话，你不懂安徒生童话，你不懂普希金童话，你从来没有看过《木偶奇遇记》，你没有读过《窗边的小豆豆》，你不能当小学老师。我们是取法乎高，因为从小学教育来说，一定要去理解儿童，理解他的身心特点，理解儿童源于生命本然的一种需求，所以，读童书太重要了，如果你读得不够，就要天天晚上读。

有一次，我跟肖川老师一起去湖北，听一节初中的生命教育课。哇，听得我泪流满面。后来要我评课，我说现在先举手一下（刚才没有流眼泪的举下手），大家不知道我干什么。我说，凡是没有流眼泪的有两种情况，一种情况就是童年过得太糟糕了，心肠很硬（笑）；还有一种呢，社会太复杂了，经过这么多年的历练，心肠更硬了，不适合当教师。为什么这么说？小学教师心就是特别柔软。其实，这种温和、柔软、慈祥、包容、同情……都是属于我们谈到小学性的时候的关键词。我曾经跟一个学者聊天聊到这个问题，我说一个大学教授，品行有些欠缺，不算很可怕。为什么这么说？大学生、硕士生、博士生，他自己都有辨别能力，他知道某某老师学问很高，品行不怎么样，我跟着他是学做学问的，不是跟他学品行的。但是在小学，老师如果有这方面的瑕疵，它就是很大的麻烦。我前几天到我老家，给老家的老师讲课举了一个例子：前些年，我们都宣传老师带病工作，带病坚守在讲台上，这个就不符合我们生命教育的要求。先不要说老师带病，最后积劳成疾，英年早逝。光是生着病，你身上散发出来的那个不健康的气息，每天跟孩子在一块儿，就是对孩子最可怕的毒害。是这样的吧？

那天老师上课，我去听课，发现小学老师最喜欢把窗户关得严严实实，到处都关得很紧密，里面的味道让人很难受。我后来在想，能不能改一改：让老师们自觉地把窗户打开。那天，在南通我讲到这个问题的时候，南通的一个教授说，他曾经带学生到学校里去测二氧化碳，看四节课里面哪一节课二氧化碳的浓度最高。你们有没有意识到这个问题，你们想过没有？（从来没想过）校长有没有想过？（校长想过）其实这个很重要，因为二氧化碳浓度最高的时候，就不适合讲授课，就适合活动课，适合到屋外上课。因为教室的二氧化碳浓度高了，学生就昏昏欲睡，教学效率很差，纪律就很难维持，纪律很难维持，老师就觉得学生对自己不尊重，对自己不尊重就导致恼羞成怒，恼羞成怒完以后就是丧心病狂。有些问题是一步一步推出来的，一个人很少突然变成坏人，除非他心智不健全，经常都是有很多原因不断推导出来的。但是我们如果建设一个更健康的学校的话，是不是就没有这些原因了呢？那这个学校就不会有问题了嘛！所以，从根本意义上说，你不能等问题出来了，再解决这个问题，这就是复杂性，任何一个问题背后，都是非常复杂的——压死那只骆驼的不是最后一根稻草。最后一根稻草很倒霉，那不是它干的，是前面好多的稻草干的。从这个复杂的思维来说，它会帮助我们变得更为理智、更为冷静、更有逻辑思考能力，就是理性思维能力。建构一所学校，它真的是非常复杂的工程，这个校长绝对是最有感受的。任何一个细节出纰漏，都不是小纰漏。那么这个话题，我讲到这里要作个归纳了。

怎么建设一所更健康的学校，怎么建设一所更美好的学校，它是由很多要素构成的,我特别强调一个关键词:复杂性。

所有的人跟你都一样,所有的人都跟你不一样

今年夏天,在南通开了一个研讨会之后,我回到福州一直在想:对教育而言,什么最重要?或者说哪个理念最重要?你觉得要用两句话来概括,你当教师时刻要想到什么?(现场采访)

王娜:我觉得我用两个词:一个是"爱心",另外一个就是"责任心"。

张文质:(总结)"爱心"跟"责任心"。

韩雅琴:心中有学生、梦中有学生。

张文质:(总结)就是把学生都装在心里了。(问另一个老师)你会想到什么?

侯冬梅:我想的跟刚才老师说的一样,要有师爱,还要有责任感。

说得很好,但是我要给你(侯冬梅老师)一个建议噢,以后即使跟别人一样,你都不能说跟前面两位老师一样。你可以这样说:前面两位老师说得都不错,我要特别强调一下……一定要记住,是你在说话,不是你在帮别人说话,一定要记住这一点。

我想的是什么?假期里我总在想的是:一个人,作为一个教师,时刻都要想到——所有的人跟你都一样。所有的人跟你都一样,这个问题核心在哪里?比如说,你想到一样:尊严的需要、安全的需要、尊重的需要、理解的需要、发展的需要、被承认的需要、承担责任感的需要。它实际上讲的是人性,讲的是人的权利,人性的权利。比如说,美国人本主义心理学家罗杰斯,他有一句话说得特别好。他说,每一个人内心深处都渴望着

获得肯定。英国教育家尼尔，就是《夏山学校》的作者，他有句话说得也很艺术，他说：我从来没有见到过一个不希望得到别人表扬的人。从来没有。所以，听课听完了，要来评课了，校长一上来就说：由于时间关系，我表扬的话就不说了。校长有没有这个习惯，我问一下（现场采访）。

老师：校长没给我评过课。
张文质：你有没有听过校长说这句话？
老师：好像没有。
张文质：有没有听过别人说这句话？
老师：有。

有，看来还不是我冤枉人。其实我经常去听课，很多教研员跟校长爱说这句话，一上来就是这句话，"优点大家自己都知道了，我就不说了"。我在下面就在想，如果没有时间，你就说说优点吧！我去福建一个学校，校长很得意地告诉我，他已经六年没有表扬过学校的一个老师。——天呐，我吓坏了！这哪里叫学校啊！我说，他完全是个大苦瓜嘛，老师是中苦瓜，学校孩子都是小苦瓜，这个学校直接叫"苦瓜学校"。我们也不要叫枫桥了，也不管张继了，全部改成苦瓜，"月落乌啼苦瓜满天"。其实我们忘记了自我需要。这是最本质的区别。所以你啊，要表扬你先生啊，不能嫌多，表扬人不能嫌多，只要出自真诚，表扬越多越好，因为这是人的一种本性需要啊！以前说那个花草啊，你整天表扬它都长得好，我后来找到科学依据了。为什么越受表扬的花草长得越好？是因为表扬时人吐出的二氧化碳，那个花吸收了特别好。你对着花整天骂它，吐出的二氧化碳呢，可能就会伤害它；你表扬它，吐出的二氧化碳就特别适合它。这种内在的需要，就要作为学校最重要的内在文化，所以我说：学校的文化应该是赞扬的文化，是肯定的文化，是鼓励的文化，这个要成为学校文化的"主旋律"！

比如说，我们校长这么多年一直在倡导绿色生命教育。昨天，你们走了，我跟周老师坐在下面大厅里，周老师问我："你看我们学校老师怎么样？"我觉得很亲切，我一眼望过去都没有坏人。她说："坏人你也可以看出来？"我说，到我们这个年龄，坏人是可以看出来的，除非大奸大盗，我们道行不够深，看不出来。还有一些小孩，他还在成长，你怎么知道他以后会是坏人还是好人，你看不出来。到了这个年龄啊，相貌就是自己。相由心生，你长什么样，其实就是你精神的写照，也是你生活方式的一种写照。当然还有一点很重要，你说一所学校，每次校长去听课、评课都是鼓励的，老师相互间都是肯定支持的，这个学校生病的人都是会减少的。我有一个体会，我们做生命化教育，真正做得好的那些学校，生病的人都会减少。其实生病，不仅仅是由于天气的因素，也不仅仅是因为我们疲劳，有时候人际关系，工作压力，工作中的挫折感，工作中没有成就感、没有幸福感，都会影响到我们的健康。我曾经跟我们福建一个校长说：你到一所新学校做得好不好，最后拿一个数据告诉我，就是你到这所学校后，老师生病的数量有没有减少。其实蛮重要的。做生命化教育，如果我们学校老师都不能更健康，你说你这个校长来干什么，校长就成了那个催花辣手。

这是我暑假里思考的第一个问题：所有人都是一样的。

第二个问题，所有的人都跟你不一样。前面强调一样，后面强调不一样。这个不一样，强调的就是我们前面刚刚说的个人性、个体性、个别性。而作为一个教师来说，前面的一样，所谓的一样，更多的是我们的境界，我们教育的理解力，我们教育的情怀，我们教育的素养；强调不一样，是凸显出我们工作的特点，凸显出我们专业的一种素养。比如说刚才我提到的马克斯·范梅南，他就特别强调教师对工作要有预见性，他举了一个很生动的例子，说明什么叫预见性。他说一个母亲跟婴儿睡在一起，在婴儿醒过来的那一瞬间，母亲一定会醒过来，这就是预见性。预见性是跟责任有关系的，跟智慧也有关系，跟经验也有关系，三者都有关系。所以在课堂中会出现什么样的问题，这个学生会出现什么样的问题，有这种预见性，这个教师是有智慧的。我今天在讲课中讲到一个观点，有时候观点很好玩，会突然冒出来，以前都没想到，这也是一种临场性，我说真正的智慧背后都闪烁着人性的光辉。教育中所有的真正的智慧，背后都一定闪烁着人性的光辉。如果没有人性的光辉，就是讥诈的，不是教育的智慧。

比如说，我们听完上午的生命教育课，特别感慨。我真的非常欣赏我们学校，欣赏徐校长做的这项工作，我们中国人最需要补上的就是生命教育课。它比别的学识、别的素养、别的金钱、别的社会地位，所有的一切都重要。甚至我今天跟校长说，这节课啊，内容我都觉得上得太多，就上一节：为什么我们不能到河里游泳，就讲这件事。然后老师就扮演那条河，就是诱惑孩子一定要到河里游泳的人。你说不去，我告诉你："夏天这么热，你不去，你真傻了！"然后你说："妈妈说不让去！"我说："你都长大了，什么都听妈妈的，你真是没出息！""你去河里游，游完以后我给你吃冰激凌！"……可找出无数条的理由，诱引孩子到河里游泳，然后别的孩子来反驳，这样理解深刻吧？可能会深刻得多。其实我们教育啊，千万不要浅尝辄止，以为都会了，不够。为什么说不够？我举个例子。有一个地方风景非常好，一个旅行团要到这个地方去，票买好了，行程都确定了，但是刮起了台风，他们就想坐火车去，结果火车票买不到，然后他们要改成别的时间去，被拖延的这段时间的所有的房费、食物费要他们自己负责，而且返回的机票原来是打折的，改时间后机票要全价，然后旅行社的人跟他们说，不要去了，太危险。如果你是这个旅行团的成员，你会怎么想？（现场采访）

老师：想不出来。

张文质：想不出来就有麻烦。你说，如果不去，心里会不会有遗憾？

老师：会吧！

张文质：你对自己的损失会不会感到很痛苦？

老师：也会。

张文质：（问另一位老师）你有什么高见？

老师：我会去的。

张文质：你会去，是吧？（问其他老师）你们呢？

老师：我可能不去。

老师：去。

去的人是谁啊？去的人就是这次遇难的创意旅行社广东团的19个人之一。我不是吓唬大家，他们就是从苏花盘山公路，要去花莲，结果花莲这条路啊，非常危险，台风已经刮了三天了。火车票没有了，你如果一定要去，如果推迟去，所有的费用都要自己承担；如果你不去，经济上的损失没有人给你补偿。所有的老外旅行团都不去，中国大陆的旅行团要求去，最后悲剧发生了。我开始的时候一直不明白，我连着看新闻报道，想知道到底为什么台风刮这么久了，他们还要去。最后台湾的导游出来说了："我们强烈地跟他们说，太危险了，不要去，但是大陆旅行团成员强烈地要求一定要去，说'要不然损失由你承担'。"按照旅行社的规定，由于不可预计的、不可抗拒的灾难引起的后果是要由个人承担的，不能由旅行社来承担。最后他们还是去了，现在尸体还没有找到。我一直在看呢，我在想，如果我是这个旅行团的成员，说实在的，到了那个情景里啊，我们大部分人会去的。因为我们受的教育，一个是不明确、含糊；一个是很功利，就是我们很容易把生命牺牲掉了，把某个微小的利益看得太重，麻烦就在这里。所以，你说过马路，为什么有很多人横穿马路啊？逻辑是一样的，要绕那么远，别人过马路都没有危险。我们这种思维有时候根深蒂固。怎么办呢？我们需要改造我们的教育。而这种改造就需要从小学做起，需要从家庭做起。

今天我觉得对这节课唯一不满意的地方是：不够明确。课件中有一个情景，一个孩子爬上一辆车，然后老师说了一句，他就是侥幸上了车，车把他带到哪里去，还不知道呢！他可能会找不到回去的路。这个说法是错误的，需要非常明确、斩钉截铁、没有第二种选择：绝对不能爬这辆车。而且要告诉孩子，爬这辆车有哪些危险，不能模棱两可、含糊其辞。这个教育很重要，要非常明确、非常鲜明；第二个要持之以恒，不断强化，使它成为我们的第一反应能力。第一反应能力这一点很重要。在我们生命里面，如果从小就培植这样健康的、安全的及具有自我保护意识的第一反应能力的话，整个社会的危险系数会大大降低。今天，大家很容易骂这个社会。如果我们反过来想一想，作为一个教师，我们能做什么？作为一个人，我们能自我改善什么？而作为父母，我们能够给自己的孩子提供什么帮助？当我们有了这样一种明确的意识、明确的责任感，无论什么时候都既可以自救，也可以帮助他人。

我这几年有一个很深的体会，就是无论见到谁，我都跟他讲教育。不管见到谁，不管在哪里，我都跟他讲教育。好几年前的一个春节，我跟女儿去福建闽西一个地方旅游，一部面包车只能坐8个人，却上了15个人，没有一个人肯下。除了我和女儿，全车都是当地人，司机也是当地人，这个时候怎么办？我就想，我女儿在车上，你们这个态度，那我不是要跟你们拼命吗？我告诉司机：你绝对不能开车。有时候你觉得一己之利很可笑，但是很多父母都需要有这种意识：保护，既是保护孩子，又是保护自己。其实通过保护的方式，是给孩子一个最好的教育提醒。我们呢，正是因为我们整个受教育背景中的缺陷：比如随大流；比如别人都不吭气，为什么我要吭气；比如你明明知道，你是以卵击石，也要击一下，某一个关键时刻你要击一下。所以，教育理念就是和这种素养啊，责任啊，身份感啊，连在一起的。

老师啊，就是孩子最好的范本。比如，我们刚才说，所有的人跟你都不一样，老师就需要一个范本，示范怎么呵护孩子，怎么关心孩子，怎么提醒孩子、怎么帮助孩子，这样到教师这个关键词的时候，我就很容易想到：教师应该是心态比较平和的，教师需要有一种平衡力，教师的性格应该是比较温和的，教师遇到困难的时候应该是比较冷静的，教师应该有比较好的沟通能力，教师应该是个非常善于表达自己观点的人。

教育是一个谨慎的事业

我曾经还写了一篇文章，谈教师作为一个讲述者，从不同的视角，会引出很多的教师的关键词。我说的这个关键词，其实不是说我们要从太高的角度去要求教师，而是这一类素养是职业的一种"其中应有之意"。你做教师就要有这种素养，你这个素养缺失了，你就做不好教师。比如说，你要意识到所有的学生都跟你一样，有些话，教师就是不能说的。孩子读到初中，我去参加家长会，校长一开始讲话就说："今年这届生源实在不好，上一届我们觉得不怎么样，没想到最后挺好的。"想想，什么叫生源啊。生源不好，翻译白一点，就是在座的各位没有把孩子生好。这叫生源吗？你说校长能讲生源问题吗？校长只能讲差异性、多样性。我们班级的同学、我们学校的同学来自不同的家庭，由于家庭背景、文化、习俗等差异，造成了孩子发展的不平衡。这话说得是对的。你说生源不好，那不是要命吗？现在孩子都这么大了，你才跟我讲生源。我想强调的是，这个职业是有纪律的吧，不是一般意义上的纪律，而是你对这个职业的谨慎意识。

你老是在课堂上表扬孩子，有时候把孩子表扬得哭了，怎么表扬？比如有些学生你是不能表扬的。马克斯·范梅南说,有些羞涩的学生不能公开表扬,要下课了,悄悄地跟他说:"你今天表现很好!老师都看在眼里了!"有些学生很羞涩,你说:"张文质,你今天表现很好,站起来让大家都为你鼓掌一下!"哇呀,那个孩子下一节课再也不敢表现了。上一次我在盛泽给家长讲课,一个家长告诉我:"老师,我的女儿别的缺点没有,就是太害羞了。"我告诉他:"害羞不是缺点,害羞是特点。"缺点和特点不一样。她害羞怎么是缺点?这个人很害羞、很文静,这怎么是缺点呢?害羞的人都非常善于自我反省,文静的人都对人特别尊重啊,这怎么是缺点呢?所以理解人的本性啊,就需要你有一种区别对待人的智慧。

我读大学的时候,我们农村来的同学很害羞、自卑,家里又贫困,我们的辅导员在年级大会上说:有一些农村来的同学,一进入大学,学校很照顾他们,给他们每个人都发了困难补助金。结果呢,补助金一发,他们就去买了皮鞋。从第二天开始,皮鞋不敢穿了,而且恨死这个老师了。几十年过去了,同学聚会的时候,我还问其他来自农村的同学,还记得老师说过的那句话吗,大家都记得,很受伤害。他本意是提醒农村的孩子要俭朴一点,可不能这样提醒啊。这样提醒,你说不是很麻烦吗?这就是所谓的好心办坏事,好心办坏事就要反省。你不尊重人嘛,你怎么说你是好心呢?我刚才说,所有的智慧背后都闪烁着人性的光辉。其实所有失败背后,我们都要反省,是不是自己的教育理念或者教育的理解力出了问题。

说实在的,教师这个职业,有时候免不了有比较大的压力,特别是我们面对这么小的孩子,有很多的教育行为你要把握这个度很难,你看你对学生情况不是很了解,这么多的学生,你该怎么来处理,很难!所以在这里面,教育的经验还是很重要的。我们新课程开始的时候,很反对教师的经验,认为经验是我们学习进步、努力学习、敞开心灵的绊脚石,其实教育这个工作需要经验。我后来理解到:当老师还不能太年轻。老师结过婚、生过孩子,尤其是生过孩子之后当教师,当小学教师可能更适合。这不是说在座的哪位老师没结婚、没生过孩子的不适合当老师啊，而是你要特别小心，因为你缺乏这个经验，你缺乏对孩子那种敏感的、脆弱的心灵的呵护意识，缺了这个会很麻烦。这个其实是我讲的教育的第二个关键词。第一个关键词讲的是多元的、复杂的理解，第二个关键词我们也可以说是谨慎，教育是一个谨慎的事业。我有一些类似于格言似的表达吧，比如说，教育是母性的事业，教育是慢的艺术，都是在提醒要谨慎。更加谨慎地对待我们这个职业，要改善我们的理解力。

改变教师的素养，从反省"第一反应"开始

教育改变教师的素养，改变教师的意识，真正的困难在哪里？人的一生，童年是最可信的。你童年受什么教育，你童年时别人怎么对待你，你童年所受到过的一些启迪，是很难改变的，你作决定的时候，往往你的经验、你的童年、你的某一些素养都在起作用。我举个小例子，我早上上班太匆忙，钥匙插在房间里面，那个锁是以色列人制造的，是以色列锁，就插在里面，外面就打不开了。怎么办呢？

张文质：门打不开，这个时候，你会想什么？
张庆元：先去上班。
张文质：现在回家了。
张庆元：现在回家了，那家人还有没有另外的钥匙？
张文质：打不开，外面怎么也打不开。
张庆元：爬窗台，不过翻过去很危险的。
张文质：他跟我一样，从窗台翻进去。
张文质：我们的校长呢？你想到什么？
金伟文：还是把门卸了。

他（张庆元）这个方法非常危险，他（金伟文）这个方法非常笨拙，我是选择了他（张庆元）危险的方法，想能不能从窗台爬进去，但是觉得蛮危险的。我就到物业那去，物业说："不要紧嘛，我们外面都是民工，你叫他们爬进去，给他们几十块钱嘛。"我突然想，民工要是掉下来，就不是几十块钱的事了。我突然想起电视里有报道，可以挂110。我就挂110。110说：我告诉你一个电话号码，你打给他吧。原来有专门指定的开锁公司。我挂完电话，一个老先生过来了，他特别有经验，用了大概三四秒，门打开了，而门一点变化都没有，收费80块钱。我从中悟出了什么呢？我们的第一反应往往有问题。我们各位开车的，看见绿灯在闪，首先想到干吗？赶快冲过去，这就是第一反应。我们被人很重很重地碰了一下，第一反应是什么？"你找死啊"。

这个第一反应，就是我们受了教育沉淀下来的一种文化机能，它已经是打上文化烙印的本能反应，直接变成我们人性的短板。说到这里，我想起我们生命化教育团队上次在南通的一个活动。孙明霞老师一节课上了70分钟。作为会议的组织者，我在下面很焦虑，评课的时间就没有了。凌宗伟校长是主办人，一上去就说了一句："今天上课的学生不能代表我们通州水平啊。"孙明霞老师自评了："今天上课的学生不是我的学生。"

这些都是人性的短板。我的人性短板，就是这个时候焦虑了，不从容，平时很从容的，到某一个时刻就不从容了。凌宗伟校长爱面子，课上得这么差，怕人家说，就说这不是代表通州水平的学生。这是校长最不能说的一句话，怎么"不能代表通州水平"，而且当着学生的面。孙明霞老师是我们生命化教育团队的优秀老师，一开口就是"今天上课的学生不是我的学生"。完蛋了。我们很需要反省我们自身人性的短板。其实我说的第一反应，要改成第二反应。慢一点，很生气了，不急着生气，不急着作出反应；遇到难题了，退一步考虑一下；遇到麻烦了，找有经验的；在最危险的时刻，不要奋不顾身。我们的很多词都有很多问题的，"奋不顾身"就有问题。怎么能"奋不顾身"呢？你干吗要奋不顾身啊？"视死如归"更可怕。我们很多词都是这样的，不把人当人，要奋不顾身、视死如归，包括体育里面都有这种词。有些运动员在关键时刻，他想到的是：这场球绝对不能输，就是牺牲我的生命也不能输。一场球真的有这么重要吗？那些第一次登上珠穆朗玛峰峰顶的运动员，后来回忆的时候就说：就是死在山上，我也一定要登上。我想这个文化真的出问题了。美国第一次海湾战争的总指挥在海湾战争爆发的前一天，他的老母亲去世了，你说他怎么做。他马上坐飞机回美国。而我们的一个小小的士兵，居然家里人去世了，为了不影响部队的工作，把悲痛都压在心底。其实不要小看这个问题，你不要让任何崇高的理想、崇高的事业把个人的幸福给牺牲掉了，这是有问题的。我们现在还是这个逻辑，连强拆也是这个逻辑，为了国家的事业，牺牲你一个房子算什么呢？重庆的一个区委书记说："没有强拆，就没有新中国。"

反省教育里的一些所谓常识

我曾经看到一篇文章举了一个很小的例子，说有两个中国的小孩，有三个美国的小孩，中国的两个小孩在打篮球，美国的小孩要过来跟他们一起打，然后老师站在边上看，就在想：中国两个孩子，美国三个孩子，这下怎么办呢？这是中国人的思维方式。而美国的孩子一过来，三个人投篮，投得最好的去玩，非常简单。他们的思维跟我们不一样。比如说分苹果，我们是用"孔融让梨"的方式，他们的方式呢？分苹果的人最后一个挑，非常简单。又是你分，又是你先挑，那肯定你挑大的、好的。你根本不要教什么大公无私。其实比大公无私更重要的是公正，程序的公正，程序的合理性。教育里面有一些所谓的常识，从哪里教起，就是从小学教起。你不能倒过来教呀，到了大学以后才发现，怎么孩子这么不讲道理，要补课。我们说人性的概念，其实跟我们从小所形成的一整套世界观关联在一起。比如我们学校，六年里面就教孩子"60个人生的关键词"，一个年级10个关键词，六年60个，把这些关键词的价值观自然地融入不同的学科。这个孩子走出去，一些现代公民的基本素养就形成了，这多好呀！

  今天中午吃饭时，我跟校长还聊起，比如说生命教育，能不能编排出一些生命教育的情景剧呢？不同的年级可以演不同的，所有的孩子都有机会出演。比如刚才为什么不能到河里游泳，有一个人表演不断诱惑孩子的河，这样的教育就直观了。生命教育强调几个要素：一个是直观性，一个是体验性，一个是问题解决。这几个要素都很重要。生命教育不光是讲道理，它还有一个直观性；这个生命教育重在体验，在情境中让学生有所学有所得，强调体验，最后你要解决问题呀。在一个关键时刻，有时候作决定就那么几秒钟啊。比如说突然地震了，你这个时候最后一招是什么？是钻到最坚硬的桌子底下，还是钻到卫生间？有时候那一瞬间就决定了你的生命。那一瞬间，我们能不能给孩子这种最基本的知识呢？而这个知识可能会成为他一生的素养，一生都在帮助他、影响他。

教师的影响力从哪里来

时间：2012 年 8 月 29 日
地点：张文质办公室
录音整理：陈文芳

繁重、琐碎的教学是命业，是信仰

荷兰数学家弗赖登塔尔说，教育家的成长顺序是先成才，再成名，然后才成家。弗赖登塔尔把教育家首先看成是一个专业人士。其实，在任何一个领域成家的人，首先都是一个专业人士。所以，说到教师的影响力，首先也是跟他的专业相关，教师的学识、见解、教育教学的能力、与学生沟通的技巧和方法，这些都可以看作是教师的最基本的专业素养。任何一点素养的缺失，都将成为他的短板。

所以，当我们说一个教师具有影响力的时候，我相信首先也是指他通过自己的看上去不断重复的、最基本的、最本分的教学工作所产生的成效，即经过教师的传授、启迪、点化，学生在知识上的理解力得到明显提升，学生的生命成长变得更为丰富、开阔，学生产生了更强烈的生命自足与自觉的意识。教师的本分既是指一种知识素养，又可以看作是一种职业的最基本的技巧、技艺，缺了这个知识素养和职业的技艺，一个教师就很难成为一个合格的教师，也就很难成为一个让学生信服的教师。

弗赖登塔尔还说，课堂上，无论学生的见解多么新奇、丰富，在教师看来，这些见解都应当是教师已经知晓的。这句话意味着教师的学术视野、生命经验、审美趣味、人生境界，都应当在整体上高于他的学生。这个"高于"就可以看成是一种影响力。无论在什么样的课堂里面，教师总是一个指导者，他总是能够给予学生正确的评价，丰富学生的理解力。有时候，我们评价一名教师，不能简单地去看他在课堂上讲了多少内容，讲课方式是否生动恰当，课堂设计是否巧妙、富有智慧。这些教育的基本技能当然是很重要的，但我觉得更为重要的，还是教师如何在整体上对学生产生显在与潜在的、眼前与之后的深远影响。教师的生命场应当对学生知识的成长和生命的成长具有重大的辐射力。我想，作为一个真正有影响力的教师，其影响力更多还是应该体现在这层意义上。

我们今天来谈教师的影响力，必须超出原来对教师的常规评价——那些通常来自体制的评价。随着社会的日益开放，会有越来越多的平台让教师来展示他丰富的生命气象，来显现他对学生多样的、更为深远的生命影响。这些平台，既有官方的，也有民间的，既有来自学校内部的，也有来自学校外部的（学生家长和社会）。明智的教师也会越来越看重、越来越珍惜来自学生（无论是在校学生，还是已经离开学校的毕业生）的评价。学生长大成人之后，教师的影响依然可以在他生命中产生回响，这是教师影响力最具说服力的证据。

从这个意义上而言，教师无论教什么学科，无论教哪一个学段，所做的工作都可以看作是一种生命教育。所以，教师应该是一个思想者，他需要不断审视自己所做的工作，不断审视自己所教的知识、所传递的思想。"我启迪学生的方向是不是人性的方向？我教的知识是不是源于历史的真实？我传达的价值观是不是体现了人类的共同的价值观？"如果不是的话，教师的教育工作就会给学生带来麻烦。

有影响力的教师可以让学生对你产生知识的折服、道德的肯定、情感的依恋。但是，在今天这个时代，更为重要的影响力一定是指精神的启迪，也就是说，教师自身的道德、生命行止、价值选择，将直接决定其影响力的深远。

如果要直白一点说，我几乎不大相信我们今天所谓的教育变革会有多大的前景，我也难以期待我们的学校生活能够发生美好、富有人性的变化，这个时候，一些独特的教师就显得非常重要。与其说是这个职业选择了这些教师，不如说是这些教师选择了这个职业。这些教师有一种强烈的职业认同感，他们坚信教书育人才是一个民族最重要的奠基性的工作，他们相信自己今天所作的点滴的改变、对人的耐心的启迪，就是对整个民族的文化与精神的复兴在做添砖加瓦的工作。他们在繁重、琐碎，有时候甚至还要违背自己意志、违背自己良心的工作处境中，仍然坚定地把教学看成是自己的命业，看成是一种信仰，看成是一种生命的全部价值所在。这样的教师才是真正有影响力的教师。今天我们回头去看民国时期的学校、校长、教师，最让我们敬佩的，恰恰就是这样一种精神。

坚守自己的教育立场

前两天，我在我的博客上引用了一句话："如果一个人拥有能打开他所在囚笼的钥匙，那么他早已不在他的囚笼之中。"这里的"钥匙"就是个人的自我抉择，对自己身份的重新勘定，也就是说，一个人有了这种独立精神和自由意志，即便处于牢笼之中，他的精神也是高蹈的，是可以飞翔于天际的。在我看来，我们今天所期许的具有更大影响力的教师，可能要把更多的期许投向这一"格"。不过，哪怕用很民间的方法（比如由报社组织的评选、民间投票），这样的教师可能都很难被发现，因为那些有独立精神和自由意志的教师，他们的言行和思想既不见容于势，也不见容于世。但是，也许在这些人身上，我们才更可能颖悟到属于教育的未来之光。

任何一个人的成长，都离不开一些机遇，离不开必要的社会的环境，但是，为什么在同样的环境中，一些人得以成才，而另一些人却不能。这说明，人的成长，有时候最重要的影响并不是来自外在环境。一个真正有影响力的教师不应仅仅按照现实的评价标准来制订自己的成长计划，而应该回到人类丰富深远的精神资源中去与历史对话。

真正有影响力的教师绝不可能从今天这样的评价制度底下产生出来。作为一个教师，要想具有真正的影响力，必然要与现行的评价制度保持距离，甚至远离它，唾弃它。今天的教育体制为教师设定了无数"荣誉的陷阱"，比如，通过一节优质课、一些论文，或者其他的层层选拔来评选各种"优秀"教师，真是荒诞不经，严格说起来，这些都可以称作是反教育的行为。

但为什么这样的评选方式又会大行其道？因为体制本身需要这样的一种运行逻辑，这种评选与其说是选拔人才，不如说是对所谓的有思想的、有作为的教师进行的一种规训。

一个真正有影响力的教师，需要向人类共有的文明去学习，成为一个自觉的、耐心的学习者，然后用心地、一点一滴地去重新理解教育工作。也许我们只有通过这样的努力，才可能为未来教育的变革累积一点思想的资源。

然而，我们的教师本身就是在体制中求生存的，就是在这样的文化土壤中长大的，在这样的处境中，要对处境本身进行思考，是一件非常困难的事情。我经常会引用契诃夫的一句话并加以引申，"我们要一点一滴地挤掉我们身上的奴性"、怨恨、戾气，多一些温和与从容，我甚至把这种温和与从容看成是一种认命般的温和与从容。真正有影响力的教师，总是尽可能地去减缓、削弱某一些反教育的力量对青少年的毒害。

所以，一个有影响力的教师也是一个对教育有自己立场的人，这种立场往往会以一种温和、耐心、持之以恒的方式，一点一滴地呈现与表达出来。因为他做的最核心的工作是保护、帮助、引导学生丰富生命、多元地成长。

耐心地坚持做有意义的"小事"

每一个人在成长过程中总会遇到一些所谓的机遇，关键性的事件。但是，什么是机遇？什么是关键性事件？把评特级教师，评劳动模范，成为当地有影响的名人，被冠以"×××培养对象"当成是一种机遇，这不是我想谈的话题。当然，不可否认，人很难摆脱诱惑，诱惑本身有助于个人生存状态的改善，获得更多的话语权，但是，一个人在体制内得到的荣誉越多，他独立表达，发出自己声音的可能性就越少。所得的越多，他要让渡出去的思想和言论自由也必然与之相配衬。

我还是更愿意强调耐心地坚守，一个人耐心地坚持做自己所认定的有意义的事情，哪怕这件事情极其微小，耐心地坚持也能让它形成某种气候，形成某种因其个人的坚守而产生的风气，这种风气可能成为很多人的参照。当大家都在说"不能"的时候，你以你所能树了一个标尺，这种标尺就能形成无穷无尽的影响力。

我记得国外有位父亲，从女儿出生那天起每天都给她拍一张照片，女儿10岁时，他把这3600多张照片做成视频放在YouTube上，两天的点击量近百万次。时间的长度，足以说明爱的深度与精神的高度。哪怕你所有的力就用在一个孩子身上，用在一个班级里面，用在一个小小的乡村学校之中，但由这种"标尺"所形成的某种精神的辐射，一定能越过个人所生活的那块狭窄的区域，照耀更多的地方。

今天有很多全国性的"名师"四处讲述他们的成长轨迹，我并不关注这些，我甚至觉得，他们除了某一些勤奋和坚持之外，并没有什么值得借鉴之处。我关注更多的还是教师如何自我发展，教师如何学习，怎么思考，怎么借鉴人类的丰富的文明与教养来提升自己所从事工作的精神高度。可能这一类的努力，成效总是很微小，不落痕迹，但是，就教育原本的意义而言，教师不就是要日复一日年复一年地从事这样的微小工作吗？也可以说，所谓的更可靠的影响力，其实并不是今天就能够给予他的，或者今天就能得到确证的。对任何一项精神性工作的评价，我们总需要有一个历史的眼光来看待他。也许，拉开一定的时间距离，你才能发现，谁做的工作（从大处而言）对人类整体的文明，(从小处来说）对一个区域、一所学校、一些学生更有意义。我们需要寻找到更符合人性、更符合教育规律的评价尺度，才能看到这些真正有影响力的教师的工作价值。

我一直认为，教师命定就是做小事的人。我曾经说过，中小学教师要做五"小"人：做小事，对一小部分人有小的帮助，一天到晚跟成长中的小人物（小孩）打交道，有一点小影响。甚至有时候我还会想，一个中小学教师有太大的影响力，这本身也是一件很危险的事情。因为他很可能会热衷于扩充自己的影响力，为这个影响力日以继夜地奔波，他会更多地求之以外，求之以势，这与教师的本分是矛盾的。要想真正尽到本分，只能回到教室，回到课堂，回到书本，回到平凡、朴素的教师生活之中。

我想，在今天这样一个文化格局里面，其实我们更应该反省：所谓的有全国影响力的、到处走穴的名师，他们到底做的是什么工作？这一类的影响力有多少精神意义？在我看来，这些人的身份是要重新定位的，我习惯把这一类名师看成教育艺人，或者教育的表演艺术家。并且，我是希望这样的人物能够更少一些的。

只有在一种良性的生命场里面，才能产生丰富的知识形态，这种丰富的知识形态才是与人的精神丰富性相对应的。我很难想象，一个匆匆忙忙的教师能够对学生产生多少精神上的启迪和帮助。

我所期许的好教师,是要不断学习的,需要通过不断的学习获得启迪与自我成长……

(本文话题源于《教育时报》记者杨磊的命题,本文根据聊天录音整理而成)

教师要成为一名讲述者

时间：2009年6月
地点：江苏省南通市通州区二甲中学报告厅
与会人员：二甲中学全体教师
录音整理：邱　磊　曹伟娟　曹铁军　吴兰海

各位老师，从昨天晚上跟各位"读书会"的朋友见面开始，我一直就是一个讲述者；今天上午跟学生的对话，下午的两场交流也始终是一个讲述者的身份。今天这个讲座的主题是我上午听课的时候在笔记本上写出来的，在我和学生对话的时候，凌校长帮我做了一个简单的课件。这一个命题是第一次讲述，但形成这个命题已经有一段时间了，一个重要的原因是我最近一直在思考家庭教育的问题：我们始终要思考把我们的孩子，把我们的学生培养成一个什么样的人。

上个星期天，我在湖南省衡阳和一千多位学生的父母作家庭教育的专题讲座，我提出了我们要努力把孩子培养成"新兴的中产阶级"这个概念。这个主题不是我提出来的，原创者不是我，但这个主题引起了我比较强烈的共鸣。

所谓"中产阶级"，在我看来，它是一个文化概念，不是一个意识形态化的政治概念，也不是经济概念。让我很惊讶的是，今天我们高一的孩子，对中产阶级的阐述是："受过良好的教育，外表看上去非常自主，但内心对美好的生活有追求的人。"我很惊讶这孩子的表达。其实当我们说"中产阶级"的时候，它更重要谈的是，基于全球化这样一个剧烈变化的时代背景。那么在这样的一个时代，也许我们更需要培养的就是孩子的合作能力，孩子跟人交往的能力，孩子鲜明的表达自我的能力，这是我们基础教育中比较缺乏的一个价值取向。

我们的孩子可能把问题回答得很准确，也可能有比较独特的思维，但是我们的孩子在表达自己观点的时候，往往缺乏自信，往往不善于把自己的观点表达得鲜明、打动人心。基于这样的文化思考，也是跟我们学校所做的"行为文化"研究这样的教育课题的一种精神的共鸣，我提出了"教师作为讲述者"这个主题的思考。我想要改变孩子，更重要的改变来自学校的生活和信念，来自学校教师的生命形态的改变——而这样的改变，在一个有着自己的价值追求的学校一定是可能的。

实际上，我们谈到"教师"这个职业的时候，说我们教师主要是通过自己的这张嘴、自己的言语来实现职业的各种任务。我们会说某些教师有着特别良好的口才，也会说我们的教师有着特别突出的表达能力，但我这个命题是把教师作为一个讲述者，更重要的是从他的身份、他的职责、他的文化意义上来对我们的工作作一些思考。我把这个主题分成以下几个部分。

教师作为讲述者的工作职责是什么

其实我们每一天都在做这样的工作，每一天都在应对各种各样的问题和挑战。我把它简单地归纳成六个方面：

第一，你能否把复杂的问题讲简单——这几乎就是我们教师的看家本领。我们的教学过程中可能有很多的东西是复杂的，但是能不能把它讲得简单?所谓简单,并不是把复杂问题的奥妙之处都给丢失了,而是让孩子易于把握。

第二,能否把深奥的问题讲得平易?

第三,能否把枯燥的问题讲得生动?

第四,能否把新颖的问题讲得透彻?

第五,能否把简单的问题讲得有智慧?

第六,能否把繁杂的问题讲得有规律?

这些工作职责,当我把它提出来的时候,在座的各位老师一定都会回到自己的身份、立场上来思考:我们是不是能做到这一点?我们是否意识到我们在讲述过程中的职责所在?

在这个"新兴的中产阶级"概念里面,其实可能人人都是讲述者。一个政治领袖要表达自己的观点,他就需要有非常强的沟通能力,也可以说他应该是一个演讲家。这是他的日常工作,他要面对媒体,要面对反对派,要面对国会议员的咨询,要面对所有反对他的观点、提出不同意见的人的各种各样的询问。

上一次我在湖南讲课的时候,因为湖南朋友的普通话确实存在着比较大的困难,这个困难有时候很麻烦。很多北方的朋友,从一开始就生活在一个字正腔圆的环境里,他们不需要费太大的精力就可以把普通话说得非常到位,但是对南方人而言说普通话是多么困难啊!

我上一次到长沙边上的一个县,我跟教育局长说话,因为他是中学语文老师出身,那天他很兴奋,背了很多古诗。他下来的时候问我:张老师,你说实话,我背的古诗你能听懂多少?我说60%听不懂!他又接着问:那今天主持会议的副局长说的普通话,你能听懂多少?我说基本上听不懂!我只看到他非常激动、非常复杂的手势,只听见他非常高昂激烈的语调。

去年5月,我到济南,我们福建的校长碰到山东的一个名校长,非常兴奋，哇啦哇啦地跟他交谈，结果山东的校长说了一句：你能不能说普通话？我们福建人全笑起来，因为他说的就是"普通话"——福建人的普通话！

所以，在这样一个世界变平的时代，人的交往变得越来越频繁，人的语言能力变得越来越重要，人的个人魅力变得越来越有价值。教师职业的荣誉，有一大部分是建立在言语表达能力上的。比如说，今天我和孩子们谈到哈维尔的一个观点："存在革命"，这是很深奥的哲学概念，怎么能让初二和高一的学生听懂？我很高兴地发现，我能做到！

我们有时候确实是没办法把深奥的问题讲得平易，有时候又会把简单的问题讲得过于复杂。所以，当我把这六个层面的问题提出来的时候，实际上我更多的思考是，我们的思维习惯、表达习惯，我们是否有意识、经常地去思考它们。有时候去听课，你就会感觉很奇怪，有些教师整节课语言都不可能带给学生思维的冲击；有些教师，你听他的话，你都听不出他能够对某些孩子的鼓励，全是用熟套的，或者僵硬的词汇，从这个教师的语言里，你几乎看不出他受过什么样的教育。

这一切与我们的表达习惯，或者说跟我们表达的用心有非常大的关系。具体的教学、知识的教学，其实每一天我们都需要应对这种挑战。我这里说的深奥、枯燥、吃力、简单、繁杂，也许就构成了我们知识教学的几个特征。这种特征给我们不断产生思维的提醒。

苏霍姆林斯基曾经做过这样的实验：有一次去听某一个老师的课，发现这个老师教学有很大的问题。他就把这个老师讲的课用录音机录下来，然后让这位老师自己来听，老师听完以后就明白了问题在哪里。我也建议我们至少把每次公开的教学都录下来。今天凌校长也跟我说，想等到高考结束之后，组织高三老师，把几节录下来的课，一起审视一下，一起看一下教师把这几个问题落实得怎么样，能不能把我们的学教案的理解力和执行力提升到一个高度。

我提出这六个方面，其实也可以看作我们去听课时观察课堂的一个维度，看老师在教学过程中能否把这些工作做到位。作为一个讲述者，这可能就是我们工作的职责所在，虽然我们平时也能够有所意识，但我是把它作为一个文化身份提出来的。

说实在的，凌校长让我跟我们二甲中学的这些家长对话，是有挑战、有难度的。昨天晚上我跟"读书会"的朋友聊天，我还跟校长感慨：说得比较随便。但是校长说：没问题！因为老师的理解力没问题，有时候你言语表达不充分，老师们会帮你补充。但是你要跟受教育程度比较低的人讲话，其实就是一个难题。

跟学生进行对话的时候，这样的言语意识就变得非常重要。有时候可能最大的问题不在于你教什么，而在于你怎么教。这两个问题，你很难说清楚哪个更重要。当然你能够有效地教的时候，可能教什么也很重要。当你解决了教什么之后，你反过来想想你怎么有效地传达又变得非常重要。对教师的这个职业而言，在我们进行专业培训的时候，很少进行这种语言素养的培训，也很少指导教师对言语表达提出建议，并进行有效的帮助。

教师作为讲述者要怎么讲述

教师在课堂里跟学生的对话，阐述教学的内容，进行具体的讲解，以及平时的交谈，都有它职业的特殊规定性。我提出三个具体要求：

首先，要表达准确。

不管是语文学科，还是数学学科，当然理科要求更高，不过就是文科，这种恰当、准确的表达，也是要追求的目标。

德国数学家、哲学家莱布尼兹夸张地说："就是上帝也不能让 1 加 1 等于 3。"数学当然有自己的内在规律性，尤其需要你准确地表达，这就是职业非常普遍的要求。在自然的对话过程中，说得准确是很难的，因为你没办法细致到对所有的课堂语言都作精心的、书面的准备。如果没有言语的自觉要求和长期的训练，你课堂的语言就会很随便，就会模棱两可。做到准确，既是逻辑上的要求，又是理解力的要求，更是一个形成了良好语言习惯的、言语成熟的标志。

其次，易于理解。

这里面有书面语跟口头表达的差异，书面语有时候也许非常深奥，但你可以反复琢磨。但是口头表达，瞬间就消失了。所以做到"易于理解"就显得困难。易于理解的前提也需要准确，又要考虑到理解者的理解背景，当教师在表达的时候，在选择词汇的时候，你就要考虑到：你这个表达的词汇会不会引起歧义，会不会含糊，或者是跟某一个音相近。其实这一切都在瞬间完成，对教学而言是一个巨大的挑战。

再者，可能是更高的要求，就是语言要有新鲜感，不贫乏。词汇本身不贫乏，句式有变化，词语有新意，也就是有某种"陌生化"的效果。

在课堂里面，为什么学生容易产生倦怠感？这不仅跟教师讲述的内容有关系，跟教师讲述的姿态有关系，同时跟教师讲述过程中句式的变化、词语的运用能力有非常大的关系！教师如果不能不断地给学生提供新鲜感，那学生学习一段时间以后，他的敏感度就会处在不断下降的状态。

跟刚才讲的前一点有关，我一年听了那么多的课，经常感慨的就是教师的词汇量非常贫乏！这个可能跟阅读的背景有关系，也跟我们自觉的意识不到位有关系。比如说，当我写文章的时候，我很少运用成语，或者现成的俗语，也很少用很生僻的词汇。我经常说，我要用常见的语言表达出不同的意味。有时候是你通过句式的变化，体现出你那个表达的独特性——就这种句式，用你意想不到的组织形态让你感到惊讶。但是在口头表达的时候，成语就特别有效，俗语就特别耳熟能详，甚至有时候我会更多地用排比句式：通过不断强化、不断叠加来产生语言的冲击效果、强调效果，这就是书面用语和口头表达的不同。

一个口头表达生动的人，他写文章的时候往往也会更生动，这种言语是相通的，但是这种语言的侧重点又有所不同。言语表达的生动性都跟你自觉的追求有很大关系。有一次，一个老师问我：你文章写完以后会改多少遍？我说，我任何一篇文章写完，几乎都要改上30遍，也就是说，努力使自己的表达能够达到一个更高水平——这应该成为一个自觉的追求。但另一方面呢，口头用语没办法不断重复地说，我这句话说不好，我重复说30遍，不可能！但这里面有一个能帮助我们的地方，就是每次表达的时候，都要有意识地去追求某种变化，去努力达到言语的某种效果。同时也有意识地把自己的表达录下来，自己进行整理，整理完以后，去看一下言语方面有哪些欠缺，这是做一个教师，哪怕不写文章，也都需要进行的基本功训练。

接着就要讲句式。一个受过教育的人的口语，跟一个没受过教育的人的口语是有很大不同的，哪怕我们说的是日常语言，但是这个日常语言，也应该是没有语病的，应该是词语构成完整的。从我们每次讲话里面，无论是谁跟谁交谈，无论进行哪一次的教学，首先都要有一个强烈的自我意识，都要自觉地对自己的语言进行训练，加以锤炼：第一个是要没有语病；第二个是努力追求丰富多样、有变化，努力做到典雅、生动，同时应是条理清晰，能够用恰当的方式表达自己的思想，还要舒缓有度、从容不迫。课堂语言节奏感非常重要，有一些老师，平时说话语速就非常快，如果在课堂上不能做到有所停留，有所停顿，留给学生思考的时间，信息的传达就有很大的问题。

所以，要进行这样一个讲述方面的训练，这是努力提升我们讲述水平的一个很重要的维度。有时候不是说你教得好，有时候教得好就和你讲得好有关系，讲得好和你自觉去追求怎么讲得更好有很大关系：这是你的职业关键所在，甚至谁都不能代替你。那怎么提升呢？

记得我高考之前，老师感觉我们作为乡村的孩子词汇量非常贫乏，他居然让我们每天自学、默写十页左右的成语词典，也就是花一个学期左右，我基本上把那个《简明成语词典》背下来了。我后来很少看到过我不熟悉的成语，有时候一些作家或者是思想家，如果他能够运用我所想不到的成语，我就对他佩服得不得了！后来我发现老师对我们进行这样的训练，真是让我们终身受益啊！但另一方面，我写书面文章的时候很少用这些成语，原因在于成语有麻烦！甚至有人说，成语会造成思维的惰性。但成语作为一个口头表达工具的时候，有很多便利之处，所以怎么积累词汇，包括去追求句式的丰富、变化，这都是非常重要的语言训练。

我这里特别想说的是，某种意义上我们还没有把这个职业的要求提高到一个更高的水平上。每一个人基本的表达能力的训练要从童年开始，有意识、不断地去促进他言语表达能力的提高。我们中国的教育方式，有时候对孩子的语言发展不太有利。我们经常嫌某一个人爱说话，甚至有时候父母也嫌孩子很唠叨。包括今天开家长会，有一个妈妈提出来，孩子老是跟她说一些她不感兴趣的问题。我说：作为母亲，你不能说孩子提的问题是你不感兴趣的，其实那都是需要你感兴趣的。

人的言语能力主要是通过训练提高的，通过有意识的改善提高的，通过自觉的积累提高的。所以，我们都应鼓励孩子表达，当他表达完以后，都应给予他一些具体的指导，如果没有这么做，到某一天需要他表达的时候，可能问题就比较大了。

今天听了两节课，我也是深有体会。

课上得怎样，课达到什么样的境界，先不谈。但是就两节课里，教师在课堂上语言表达的状态还有很大的提升空间，这可能是我们每一个教师普遍存在的问题。平时自己面对学生，没有人听课的时候，可以这么说，我们的表达都太随便了。我们对自己表达的自觉的追求不到位，所以要做到富有变化，丰富多样，典雅而生动，非常难！

我不知道我们学校有没有进行演讲比赛，当然演讲比赛有时候还不能赛出一种富有现场感的水平。学校公开课比赛，其实也可以将言语表达作为一个专项的考核，这个可能会对老师形成某种言语表达的自觉性有所帮助，进行这样专项考核的学校还很少。社会越是开放，对言语的要求就越高。怎么打动人心，怎么说服人，怎么有条理地表达，就变成一个非常重要的素养。

教师作为讲述者应具备什么样的理念

作为一个讲述者，最基本的价值判断就是你的语言需要有几个特征，你的语言要充满善意，充满鼓动性，能够给予具体的帮助，这其中也可以说"善"是一个价值判断。

第一，我觉得教师的语言要尽量避免讥讽、嘲弄、打击，或者消极的暗示，而应该更多些诚恳、耐心、充满鼓励的表达方式，还需要有一个鲜明的边界意识。你看我说的这几点，一个可讲可不讲的——你要想到什么是可讲的，什么是不能讲的——私下里可以讲的，有时候课堂上不能讲，对某个人可以讲，对其他人不能讲。你要有这个意识，自己要有个甄别的意识啊，要不断地自我提醒。

第二，多讲与少讲。其实任何教育过程都是从多讲到少讲的过程。通过你的课堂教学，是不是学生需要你帮助的时候越来越少，其实"自主学习"或者"有效学习"，都有一个普遍特征——学生需要你帮助的时候越来越少，也就是他学习的能力越来越强。江苏一个特级教师曾写了一篇文章，他评点另一个特级教师的课：上了 90 分钟的课，这位特级教师讲了 60 分钟。我说这样的课堂不是教学啊，是演讲！

我有一次到厦门去听课，40 分钟的口语交际课，我计算了一下，那个老师讲了 25 分钟。评课的时候，我给这位老师提醒了。结果下课，他跑出来告诉我：张老师，你计算有误，我没有讲 25 分钟，我最多讲了 20 分钟！口语交际课，老师自己讲了 20 分钟！你怎么讲？

第三，什么时候讲。这种时机的把握也非常重要。我这里强调的是促进学生的发展，教师应该是越讲越少；关于"越讲越多"，是指教师对某一个问题有很充分的思考能力，就是理解问题的深度、广度，视野的开阔，包括口头的语言表达能力的提升，这时应该是越讲越多。通过课堂的这种自觉的提升，让我们说的每一句话能够说得越来越完整，越来越丰富，越来越独特。

教师作为讲述者的追求是什么

讲述者是我们的职业身份，一个教师不擅长言辞，那一定有麻烦，因为你没办法把简单的问题讲出智慧来，你也没办法把复杂的问题讲得非常简单，你没办法有效、清晰地来传递知识、传递信念、传递你追求的目标。

讲述者是我们的职业身份，这不单是口才问题，因为口才问题你会说有的人口才好一点，有的人口才差一点——我这里把它提升到一个职业身份的角度来看待它，你的工作注定你就是一个讲述者，这就是所谓的"身剑合一"，就是有时候你很难分出来你这个职业到底是你的知识理解得透彻，还是讲解得透彻。实际上两者要合在一起：你既要理解透彻，又要表达透彻，表达清晰，"身剑合一"。

所谓的"文化身份"，我这里谈"知行合一"，也就是说你离文化的境界远近，会影响你在课堂中的表达，课堂中的表达就是你文化的境界。作为一个教师，他都是通过言语的表达来实现的。

最后还要强调，讲述者是我们的境界，说的是"身心合一"。这个境界体现在哪里呢？就是怎样才能拥有更富有打动人心的力量，具有一种感染力，具有某种把人"抓住"的那个境界、那个课堂的吸引力。

我今天提出了这么一个小的命题，是基于一个越来越开放的时代。教师的言语给学生提供范本，教师在教学过程中所体现出来的个人魅力，也是为学生做一个范本，教师在表达过程中那种自信心、那种热情，同样是给学生提供一种范本。

所以，我把一般意义上的口才，放到一个讲述者的身份来说的时候，它不单是口才问题啊。这个时候，他的身份首先有个内在规定：必须成为一个善于表达的人，有感染力的人，成为学生可以借鉴的范本。从这个意义上来说，就应把教师的素养提高到一个更为开阔的文化背景中去理解。

今天我还给学生举了一个例子，说有时候真的会"一言兴邦"，但可能一言也会丧国。我们的教学可能有时候会使学生受到强有力的鼓励，但有时候一句话也可以把学生推向无尽的深渊，所以，对言语的自觉要成为我们的追求。

由于时间关系，我把它作了一个概述。今后我们有机会还可以接着探讨。好，我就说到这里。谢谢！

教育要回到生命的现场

时间：2008 年 3 月 20 日
地点：深圳学府中学
与会人员：学府中学全体教师
录音整理：顾　艳

生命化课堂教学的境界及内涵

　　我先从前几天在福州一所高中听课的情形说起。我听的是高中一年级的两节课，一节是通用技术，另一节是语文。上通用技术这门课的是位年轻教师，真是一位帅哥，外表很酷，一节课上下来应该说他的学科素养是不错的。我还是从头说起，我首先比较注意观察他是怎样"进入课堂"的——他上这门课可能要教好几个班级，我没有去了解到底有多少个班级，这一点对一个教师而言，其实是相当大的挑战——当他来到教室之后，我注意到，他始终站在讲台上，偶尔会向学生做个小动作或表情，看得出来他很紧张，在这种场合，课堂的私密性被打破了，他的对象感产生了错位——到底为谁上课呢？另一方面，我也好奇在这样的课堂上我到底能看到什么呢？我只是发现这位年轻教师始终都处于"等着进入课堂"的状态，他既无法克服自己的紧张，同时也没有意识到自己已经将这种紧张传染给了学生。在这里,我关心的是教师的眼神和身体姿态,我发现在这等待上课的过程中,他的眼神一直是游离与飘忽的,我猜想这个班只是他教的很多班中的一个,他几乎很难叫出班上任何一个学生的名字,这些学生既熟悉却又无法具体化,他跟学生眼神交汇时,不是一种交流与会意,而几乎是"我们都在等待着任务的序幕的拉开"。

其实,我虽然用心地感受着课堂,但并没有如此强烈地"感触",这些是听了第二节语文课之后,我又"倒着回来"强化自己发现的。

第二节上语文课的W老师我原先也认识。她的课又让我加深了自己对课堂的一个"心得":好教师就是在课堂上显得比平时更漂亮的人!W老师的课也是从"等待"开始的,不过她不消极,她一直走到每一个和她说话的学生身旁,轻松地叫出一个又一个学生的名字,是的,她是在与一个又一个具体的有名有姓的孩子在说话,他们都是真实的人,他们会用心地分享着自己的话题——从分享开始的课堂一定会比较精彩——正是因为彼此熟悉,这样的课堂大概也会更为自然、真诚一些吧。我不由得想到美国教育家鲍耶所说的,最好的学校应该是学生数只有300人的学校,他们彼此都能够叫出对方的名字。这不是一个可有可无的"技术问题",教育从来都意味着师生间的情谊相通、精神共融吧,要不,我们的课堂应该从哪里开始呢?

我再说说"速度"。通用技术课上得相当快,仿佛原先处于紧张等待中的年轻教师醒过来了,开始了自己的快跑。听完课后,我和学校的教导主任聊了一下,我说我终于从这个课堂上看到了这样的"多媒体"是多么有害:传统的板书,如果学生抄得比较慢,他可以在老师进入下一个环节时继续抄,反正它都在那里,但多媒体就不行了,鼠标一点,一切都消失得无影无踪,一点痕迹都没有,不知是它助长了教学速度的快,还是教学速度的快使它成了没有任何生命形态的一种表现方式。说实在的,这节课几乎都是在教师的"快讲"和多媒体页面的"快闪"中度过的,为数不多的几次提问，教师叫不出一位学生的名字，这一点也证实了课前我对教师的观察。我仿佛也明白过来，应试教育的特征之一也在于"速度"：足够大的信息传授容量，所有的讨论、思索、停顿和动手尝试都取消了，课后则需要学生花大量的时间去补充，进行强化练习，但所获得的那些可怜的知识完全与生命无关，也根本难以在每一个生命个体具体的生活上得以还原。

而W老师上的语文课则是另外一番景象。这一节课她讲的是修辞手法，就老师的"修辞学的教养"而言，说不上任何的广博、独到与深刻，甚至我还有这种感觉——教师的备课似乎也并不是特别的精心，给我印象最深的是课堂的"慢"，比较胖的老师身体动作是慢的，说话的语速是慢的，等待学生回答问题的过程是慢的，学生讨论问题的时间也是慢的，但正是这个慢印证了日本教育学者佐藤学所说的，教育往往要在缓慢的过程中才能沉淀下一些有用的东西。这两节课我都是昨天听的，现在我如果回忆一下，第一节课的大部分内容我真的一点都记不起来了，当然这可能是我自身的责任，而第二节课，就是这会儿我仍然可以清晰地"看到"很多生动、耐人寻味的场面。我们可能会接着关心另一个问题，就是教学任务完成不了怎么办，这是我谈及"教育是慢的艺术"时教师们经常问及的问题。今天我不展开这个话题，我只是想说，我们更需要对"手术本身很成功，但病人死了"的课堂有一些反思，这样才能从对速度的迷恋中返回到真实的、具体的、有各种各样差异的课堂，这才是教学真正的开始。

同时，我相信凡是和我一样听过这两节课的老师一定都看到，在快速行进的课堂上，学生实际上是很被动的跟随者，只能一路吃力地跟着，跟不上的注定要掉队，在课堂上教师是不可能关注到学生这种状态的，一切都要等到考试来测试，但是到那个时候对一部分学生而言已经晚了，同时他还必须独自承担所有学习的责任。所以，在这样的"速度"中你看到的只有紧张、单调、被动，看到的只有教师对课堂的主宰、盲目和慌乱，没有交流，没有问题的提出，也不可能有意外的惊喜。同时我还想说，只有独奏没有对话的课堂不仅对学生是一种伤害，对教师更是如此，首先他的教学往往很难得到学生情感的回报，这一点任何一位教师都很清楚是怎么回事，教学工作的疲劳不仅是因为劳动的强度，还因为我们在课堂中得不到即时的笑声、放光的眼神、会心的情感碰撞等等的滋润，在这样的课堂里教师真的成了唯一的输出者，没有挑战，甚至也不需要"临场的智慧"，你说哪位教师长此以往能够不越教越笨？

说实在的，我听完第一节课时对学生的状况感到很不安，我没想到孩子们在课堂上是如此的笨拙、羞怯、语言能力低下，虽然我知道这应该不是学生真实的状况，但是我更不希望他们被"造就"成这个样子，这是一件悲哀的事情。好在语文课让我的担忧一扫而光，我看到几乎每个问题都是所有的学生在举手，有时还出现了抢着发言的情况，每次发言之后马上就是自发的掌声和快慰的笑声，有的孩子的发言更是句式复杂而富有灵性，充满了意想不到的独特的观察——我由衷地感受到不是今天的孩子对不起教育，而是基本上是今天的教育对不起这些孩子！

同样是高一的学生，为什么有如此巨大的反差，这是我听完课后沉思的最大的问题，我深信教师的教育观念和生命意识才是学校文化中最具意义的力量，教师不仅是知识的传道者，更重要的是，他是作为具体的一个人在影响、默化、润泽着他班上每一个学生的，教育是通过这个具体的人而在型塑着更多具体的人的，这样的影响对成长中的儿童而言真的是直接、持久、深刻的，我们最需要花费的心力也就在于这样的教育自觉上，目光向内才可能知道自己的责任，才可能知道一切变革正因为"我"的参与而变得更有可能。

我的女儿也曾在这所学校就读，我来到学校更多的是以一种父亲的心情。教育最核心的问题就是它到底会对学生一生有什么样的影响，它成全的是什么样的人，多年以后，我的女儿一定会回忆起这样的一所学校对她而言有很多意味深长的生命场景，那几天我也带着一个父亲的心情，来到了现场。

　　我经常谈到老师的眼神、身体姿势，包括教学中的快与慢的问题，我倡导的课堂节奏放慢一点，其实就是让孩子回到他真实的状态里面，就教学而言，最重要的就是让孩子回到真实的状态。你要知道他已知什么，未知什么，知道他所期望的学习方式是什么，所以按照这种教学思路，有时候它是比较慢的，他需要有更多一点的耐心，更多地回到孩子原初的状态。什么叫原初的状态？每一个人都成为发现者，每一个人都成为探索者，这种状态就是原初的状态。这种状态是比较慢的。但是教育啊，微妙的地方恰恰在于，有时候看上去慢一点，但是能够让孩子获得更多的体验，更多的感触，更多的问题，问题的萌发是需要时间的，需要老师有期待的，他才可能萌发出来。如果你没有期待，课堂那种快速化，就像一列快速行驶的火车一样，你是看不到风景的，你没有停留，没有回味，没有咀嚼，甚至连课堂上那种会心的微笑、眼神的交汇都是比较少的。教育是文化的一部分，他需要一种慢慢的沉淀，才可能留下真实的东西。但是我们有各种压力，包括考试的压力，包括硬性教学进度的压力，课堂节奏总体感觉是较快的。有一年我听了150节左右的课，从小学到高中听下来，给教师提了八条建议，其中第一条就是把教学的速度适当放慢一些。

　　再谈谈课堂上的独奏与对话。说实在的，在课堂上，在对学生很无知、不了解的状况下，课堂很容易变成独奏，一言堂。我刚才说到那次在高中听课有个很令人惊讶的发现，在那个独奏的课堂里面，我发现孩子很怯懦，害羞，不敢说话，孩子在课堂上站起来很拘谨，孩子回答问题的声音很小，孩子的见解很肤浅。到了那个语文老师班上，孩子的奇思妙想让我惊奇。同样是高一的班级，孩子为什么会有这么大的差异？其实就是独奏课堂和对话课堂的差异。如果你的课堂是一个对孩子充满期待的课堂，一定是对话的课堂，是一种分享的课堂，一种共鸣的课堂，注意，只有在这种共鸣的课堂里面，孩子才会让人惊奇。我们经常要思考我们是以什么样的姿态进入课堂的？其实这也是美国著名的教育家帕克·帕尔默所谈到的一个观点：教师进课堂，他是带着他的全部生命进课堂的，而不是仅仅带着某一个知识、某一个希望，他是作为一个具体的人进课堂的，所以在这个具体的人所营造的课堂里面，孩子的状态是不一样的，所以有时候你会觉得很奇怪，同样一个班级，换了一个很高明的老师，孩子的变化千姿百态。

我有一次在福州上了一节初三的《泰坦尼克号》，为什么上这节课呢？因为我先听了上一节老师上的同样的课，我感觉到孩子怎么那么拘谨啊，就跟负责拍摄的老师说，下面让我再上一节，后来就上了一节课，主题叫"爱是不能忘记"。因为前面上课的老师一直在回避人类最重要的一种情感，就是爱情，孩子在课堂上几乎一直处于被动应答的状态。课堂教学的境界有三个层面，第一层是被动应答，你问我答，有时候你问我还不能答，有时候你问了我只能用最简单的方式来回答。被动应答的特征是课堂上绝对不会有惊人的发现，也很难有一种问题的挑战，被动应答课堂往往是知识越传越少，是孩子理解力受到限制的课堂，如果孩子长期生活在这样的课堂里，孩子是怯懦、无知、肤浅、浅薄的，这是无趣的课堂。所以我说一所学校没有惊奇，没有意料之外，没有异想天开，这所学校是不幸的学校，也是让人很难受的学校。另外一种叫主动适应，孩子提高一个层次了，也知道老师的教学习惯了，他主动适应，知道老师的状态，所以课堂上也能够有一种互动，但是主动适应还是以老师为中心，还是以老师的问为中心，不是以学生的学为中心，不是以孩子的理解状态、思维状态、思考状态、问题状态为中心。当然最好的课堂是自主生成的课堂，只有自主生成的课堂才能构成对老师的挑战，也构成对其他同学智力的挑战，带动更多同学那种思维的奋发、思维的觉醒。可以这么说，在这种课堂里面，老师的紧张，不是外在的紧张，不是有校长在场或什么人在场的那种紧张，而是内在的迎接孩子智力挑战的那种紧张。说实在的，面对这样的孩子的时候，意味着你要迎接挑战，你要迎接你必须面对的不知，甚至学生的问题超出了你的知识边界的这样一种挑战。也可以这么断言，只有在这样真正具有挑战性的课堂里，教师才可能有真正的专业发展。课堂孩子的生命状态，也在塑造着教师的思维状态、阅读状态，包括现场的智慧状态，这就是帕克·帕尔默所说的，教师进课堂，他是带着他的全部生命进课堂的，而不仅仅是带着某一个学科知识，某一个很专门的、很狭窄的好知识进课堂的。这个时候我们就感到这个课堂真的是一个诱惑，是一个期待，是一个意外。

学校更重要的文化是生命形态的东西

学校教育就是一种启迪教育，我们所教的绝对不是那一点点知识。一位校长曾经对我说，可能一个学期的课，孩子长大以后发现用一天的时间都解决了，所以学校绝对不仅仅是知识教学，而且是通过知识的教学，去启迪这个孩子追求自己的知识境界，在这过程里启迪人心灵的自我的构象。在应试教育背景下，最容易被忽视的就是这个。另一方面，在我看来，从教育本质而言，它是母性的。所谓母性就是它表现出的柔软、耐心、期待和激励。你不能说强硬的、简单的、粗暴的教育没有效果，让孩子罚站一个小时，肯定有"效果"。但是更重要的教育是正面的引导。柔软的教育看上去成效慢一些，教育是慢的艺术，教育需要耐心，那些立竿见影的教育比较容易，但简单也容易走到反面去。其实，这种柔软的教育你一定会感觉比较费心，有时候人不是不知道正道在哪里，而是走正道从来都是最难的。学校的生活不是特殊的生活，指的是学校面对的人是真实的人，教育即生长，教育即生活，我们这样的生活不是简单地说为未来作准备的，而是今天这种生活的本身对任何生命而言都是无价的，不是说

"吃得苦中苦，方为人上人"，今天的艰苦是为明天的幸福作准备，今天一个人生活在屈辱之中，明天他不见得能够跨越屈辱，走向光明。所以我这里强调的第二点是，学校的生活不是特殊的生活。它既是每一个人的具体的生活，同时又具有特殊的形态，也就是学校的生活是为了人的成长、为了人的丰富、为了人的美好服务的。这点跟儿童的特性有关系，儿童既是一个完整的人，又是一个处于成长过程中的人，所以对教师就会有一些特殊的要求，需要更多些细致，更多些耐心，更多些敏感。就像有一次听课时，老师问学生：我们学校有没有危险的地方？结果很多孩子说多媒体教室的台阶很危险，但一直没有改善。其实这些东西是容易被我们忽视的，但是孩子生活在这里面，他知道，他的脚知道，他的身体知道，他的感受知道。我们学校就需要有一种敏感，需要有一双特殊的眼睛去发现问题。我曾经讲过一所我熟悉的学校的踩踏事件，我去听课时发现那个学校楼道有问题，我就跟学校、区教育局的领导说，以后每一次去我都和他们领导像祥林嫂一样地说，但一直都没有解决。结果有一次我坐公交车时，听广播里说这所学校发生了踩踏事件，有四个孩子被送到医院。听后，我心如刀割，并不是我有先见之明，而是觉得悲剧完全可以避免，就因为一些官员缺少生命意识，无法体察生命的这种脆弱，很少想到生命是不可重复的，才造成这样的悲剧。每一个孩子都是珍贵的，这个孩子就是你的孩子，如果多些细致，学校的很多悲剧其实都是可以避免的。但是现在学校的各种悲剧真是太多了。第三点就是学校的生活应该尽可能的丰富与完善。就是要努力提高每一个人的幸福指数，提高生活的质量，提高学生对学校生活的期待与向往。曾有一个老师在我的博客上写道：张老师，到底有多少人在想你这样的问题呢？这些问题做起来有多苦多难啊？我回应了一句：只要有人在想，只要有人在尝试，只要有人在坚持，就有希望。第四点，学校还要创造有意味的学校生活。比如我认同这样的建议，新生入学的第一天，要成为一个全国性的节日，其实我们入学第一天接受的教育都是规范性的教育，而不是让孩子体会学校生活美好的教育，不是对人充满吸引力的教育。记得我的小学第一天，初中第一天，高中第一天，都是充满着恐惧的第一天。我希望开学第一天要让所有新生和家长一起来分享美好生活，展示美好生活。第五点，学校生活要有亲情性和学术性交往。只有亲情性的东西才会使你感受依恋、共存、共享，这些美好的东西是在亲情性交往中体会出来的。而学术性则能够不断地提升学校办学水平。

最后，我要再说说学校的"生态性"。我这里特别强调两个词，一个叫整体性，一个叫持续性，我们很多学校的建设是东一榔头西一棒槌的，随意性很大，其实更需要有一种整体性的思考。我们对待改革，态度要积极，头脑要清醒，改革要早，步子要慢，其实也就是整体性地、持续性地思考，哪些能变革，哪些只能是下一步来变革。我觉得学校文化不仅仅是写在墙上的那些规章制度，更重要的文化是生命形态的东西，比如说一个校长或一个老师，他所体现出来的文化品格，他的教养，他的学识，他对教育的态度，他对学科教学的情感，这是更为重要的。学校不能公开讲的是一套，校长、老师做的又是另外一套，这很可怕，中国教育最大的不幸就是从孩子一入学的时候就教他作假，做一个不真实的人，做一个伪君子。学校成了一种"伪自然"，虚假、伪善、粗暴、生硬，很多反人性、反教育的东西在这里上下其手、大行其道，受教育成了一种伤痛，学校生活让人类很多美好的信念蒙羞，在这种情形之下，我们还能把学校称为学校吗？

生命化教育的核心价值观：对每一个人的成全

随着这个话题，我归纳了我的几个关键词：生命、生活、生态、生长。这四个关键词，大家还可以到我的书中、博客上去看，我会把对课堂点点滴滴的感受，写在"给远方朋友"的信里，看上去是很飘逸的问题，但是里面有很多是我通过对学校、对教师的观察所提炼出的对教育、人生的自己的见解。教育最重要的是，它的出发跟归宿，都在于你要指向一个个具体的人，而我们教育中往往只有抽象的人。如果一所学校的校长只能叫出十来个孩子的名字，这和能够叫出绝大多数孩子的名字，教育的用心状态、精神状态是大不一样的。当我们面对具体的人的时候，真正去理解他的处境，同情他的处境，才能由衷地想到我怎么去帮助他，我怎么去改善他，这点是极其重要的。

说到教育，需要一种具体的现场感、具体的撞击感，你才能由衷地理解个人的命运。比如说，我到一所中学给孩子们作了讲座，不管我讲得好不好，校长表扬我全情投入。可以告诉大家，每一次讲完课，我的内衣都湿透了，我讲课时身体总是前倾的，我想表达，我想分享，我想打动人心，我想通过我一个多小时的讲课，哪怕给孩子留下几句话，也是值得的。因为我所面对的都是一个一个真实的人，所以我觉得生命在场与不在场，是不一样的！包括上课，生命在场和不在场也是不一样的。有一次我去听课，发现有个女孩子朗诵特别好，开始时我以为是录音机放出来的，后来一看是个女孩子在那边，字正腔圆，情感饱满，我突然想到，其实课堂上是要让真实的人发出声音，而不仅仅是让录音机、让多媒体发出声音，包括那种泛读、领读。教师指导性的读，那是教师用整个生命在那里作示范，而如果是录音机放出来的效果就不一样。包括听演讲，也是要听"真人"的声音，这种现场感是不一样的，跟听录音机是不一样的，跟看文字是不一样的，这个时候是一个真实的人呈现在你面前。所以对教育而言，我们也要思考这个问题，就是教师是带着他真实的生命进入课堂的，是真实地关切着一个人的。包括我们刚才探讨的，为什么眼神那么重要，生命的重要情感是从眼睛里面透射出来的，那是无法欺骗的，那个眼神——比如我昨天见到一位校长，第一眼就是看到她的眼神，我觉得非常清澈，一个有着清澈眼神的校长是比较靠得住的。契诃夫说过，他对一个人的期许，应该是服装整洁，仪态大方，眼神靠得住。我的孩子有一次放学回家对我说，我们数学老师的衬衫终于换了，他这件衣服已经穿了十几二十天了。我和太太说这不可能，小孩说：怎么不可能，我们班同学都发现，他一直穿同一件衬衫，因为衬衫上有个黄斑一直都在那里，不可能第二件也有这个黄斑的。那个老师还经常拖课，每一次上课都是先说无聊的笑话，然后拖课，拖得孩子小便的时间都没有了。我在想啊，当教师把自己忘记的时候，他一定把孩子也忘记了。这些看上去是小事，恰恰是我经常想的问题，真实的人就有真实的需要。教育从这点点滴滴的改善做起，才算是走正道。

下面我再从五个大的方面对生命化教育作一个小结。首先，生命化教育是对可能更健全的生命的成全。对每一个生命个体来说，他们都具备了更健全发展的可能性，每一个生命个体都内在地蕴含了这种更健全的可能性。生命化教育就是要培植人对生命的珍爱，要让每一个人都有过更有尊严的生活的意识，引导人对更美好的未来充满期待。

第二，生命化教育是随顺人的生命自然的教育。我对教育有一个理解：勤未必能补拙，扬长远胜于避短。生命化教育是要把人的禀赋中属于他个人的、别人不可替代的、有他独特性的、"内在而真实的力量"培育出来，对一个人生命中不存在的能力不要抱奢望。生命化教育坚信每个人心中都有善端。好的教育，就是要随顺人的善端，让人美好的潜在特质尽可能地发挥出来，把人从自然状态引导到应然状态。这也就是著名的哲学家黄克剑先生经常提到的一个教育终极目标：人的道德的自我完善，心灵的自我督责，人格的自我提升，境界的自我超越。

这一切，当然都要用自然、恰当的方式来达成。生命化教育也强调方法，但它强调的是方法要随顺人性，方法要针对生命的个体。从这个意义上说，所谓的方法一定是开放的、灵动的、因人而异的。也可以说，这样的教育智慧一定来自教师对自己工作的不断深入的反思。教育的智慧也来自教师的责任，来自他对教育持久而专注的思考。

第三，生命化教育是个性化的教育。它肯定人的天性，肯定人的独特性，在每一个人身上寻找最佳突破口。强调个性，其实就意味着教育需要对人的各不相同的特性由衷地尊重。这种尊重落实到具体的教育活动中，几乎就可以看出教育确实是一件艰难的、费力的、复杂的工作。所以它本身也只能是"慢的"，操之过急与妄下断论都可能使教育变得粗糙、生硬与武断，立竿见影的教育常常就是对教育的反动。所以对每个生命的耐心、包容、理解、成全，这其实也是教育所应有的最基本的立场。

第四，生命化教育不是一个简单的教学策略和方法，更重要的是人的心灵觉悟的教育，是人生意义的觉悟。人从混沌未开、浑然未觉的状态里逐渐地看到人生的方向，看到人生的可能性，看到追寻的目标之所在。同时，我们知道我们生活的价值在哪里，我们也仍然需要有这样的一种觉醒。更重要的就是在人生旅途上我们努力把自己真正地成就为一个独特的人——一个真正的教师，我们身为学生和教师，我们自我教育，自我提升，不断地去充实自己——少一些私欲和羁绊，使自己的工作不断成为心灵之需和幸福的源泉。

也正因为如此，在生命化教育实践过程中，我们重点不在于给教师作具体的教学指导，而注重理念的传播，鼓励教师的实验与自我反思，用完整的生命观来看待课堂，看待每一个学生，不断在生命的相遇过程中提升自己的教育智慧与境界。

第五，生命化教育是一种范本教育。这里我引用黄克剑教授的表述，他提出："生命化教育是以心灵之觉为它的韵致所在的，因此，它的主导途径便不在于逻辑思辨或道理上的条分缕析，而在于通过范本的直观达到心智的开悟。"范本教育强调直面生活，直面经典，"所谓直面生活，是用他自己最情愿的方式把亲历亲记的生活感受说出来。所谓直面经典，就是直接去读古今中外的经典作品，读这些作品就是跟一个又一个范本照面，跟提供这些范本的一个又一个活生生的灵魂照面,照面是无言(道理上的那种言)的,却是神交的,神交的过程就是接受范本教育的过程。这种直面生活,直面经典的教育是受教育者的生命始终在场的教育,换句话说,是生命化的教育"。

愿教育因为我们而更有希望

时间：2012 年 6 月 30 日

地点：北京

与会人员：本源文化研讨会成员

录音整理：录音公司

我同学经常嘲笑我，说我做教育研究节节败退，我最早研究成人教育、职业教育，后来研究高中教育，再从高中退到初中，初中退到小学，小学退到家庭，现在关注比较多的就是家庭教育。我是从 2000 年左右开始，受哲学家黄克剑老师的影响，开始做生命化教育研究的，我们的教育研究跟别人的不太一样，我们做的不是任何一级政府、非政府，或者其他协会的课题，我们做的研究没有得到任何机构的资助，也没有参加过任何一级评奖。我们想的是，首先要跟某些东西保持距离，然后能做多少做多少。后来我提出"教育是慢的艺术"，同时受钱理群老师"想大问题，做小事情"这句话的影响，我们也特别强调从小的地方，从能够改变的地方开始做起。我们特别坚持这种民间的立场，不参与那些所谓"大的话题""大的项目"，用我们的方式去推动中国教育的变化。

我写了十几本书，它们有一个共同的特点：用文学的方式写教育，或者用教育的方式写文学。我自己也更认同自己还是一个诗人的身份。我有个习惯，无论去哪里开会，都会至少带着一本书，今天带的正好是秘鲁的神秘主义作家巴列霍的诗集。

今天听了很多慷慨激昂的观点，我感到很荣幸。我在网络上一直关注黎鸣老师的文章，也看到很多人对黎老师的批评，说他固执己见，这一点其实正是他非常难能可贵的地方。仲大军老师，他以前是一个经济学家，今天很有幸在这里认识他。我对杨东平老师特别敬仰，今天听到他的观点，可能从我个人的心情和价值认同来讲，我特别能接受他对教育与文化的反思。

我从大学毕业以后一直在做教育研究工作，只是这十年多来，我做的研究更多倾向于文化教育研究。今年年初的时候，我在哈尔滨主持一个教育研讨会，当时傅国涌先生也去了，他说他很认同我说的"生命化教育不追求成功，不追求被任何体制认同、接纳或者赞许"，当然如果得到这个体制的认同、接纳、赞许，我们也不反对，我们研究的方式就是生活的方式，研究的态度就是生活的态度。

我同学说我在教育研究的路上节节败退，现在我心甘情愿退到家庭。今年欧洲杯比赛期间，有一天晚上我看球看得非常疲劳，正要入睡的时候，我想起远在英国的女儿，虽然她已经是大学生了，但在那一刻想到她，我还是心里不安，她在那么远的地方，她要独立生活，独立面对自己生活的难题，我作为一个父亲，产生这样的担忧是再自然不过的。

我研究家庭教育的时候，曾经谈了一个观点，"大家看我的长相就知道我家里有一个女儿，因为我长了一张生有女儿的脸"，不是说我长这个样子就会生女儿，而是因为我有了女儿以后，才长成了这个样子。华兹华斯说"儿童是成人之父"，道理就在这里。

尹伟中：也就是说你塑造了你的女儿，你的女儿也塑造了你，你们互相塑造。

是这样。我这些年做生命化教育，一开始就是非常草根的、底层的、民间的方式。比如说，这么多年来，我一直在乡村学校、城乡学校和城市当中比较边缘的学校做，我每年听课都在100节以上，这几年少一些。我可以叫出全国各地上千位教师的名字。我进入学校、进入课堂去感受这些孩子，感受他们的生活，有时候心里会有深深的触动。比如说，教室里的门有时候会成为课堂的问题，打开的话，风非常大，关起来，气味又很重，所以教室里的气氛非常不好。我有一个朋友为了我的这句话，他真的到学校里去测试教室里的二氧化碳的浓度，后来他把测试结果告诉我，上午第四节课的时候二氧化碳浓度最高。我们的课程安排要根据教室里的二氧化碳浓度作相应的调整，也就是说，到了第四节，不应该是讲授课，而应该是活动课，应该让孩子们去户外。

杨东平：二氧化碳含量过高的一个重要原因，就是我们现在中小学的班额越来越大。

这正是我要说的，班额问题有时候令我感到崩溃。有一次，我到河南去听课，到教室里一看，一年级的孩子都是90人以上。我当时跟校长说，在你们这里，孩子除了要择校、择班级，还要选择位置。如果坐中间，发生灾难时，逃离就很难，日常生活中，上厕所也很难。老师提问孩子时，一定不会让中间的孩子上台板书，因为要出来太麻烦了。我跟校长感慨：任何时候你都要记住，给90个孩子上课，是一件非常不容易的事情。

前一阵子，有一个高中老师自杀，有几大原因，贫困是其中最核心的原因，但还不是最根本的原因。他一个月基本上只能休息一两天时间，每天从早上6点，一直干到晚上10点，一个月才拿1000多块钱工资，前几个月拿1500，后来突然降下来，又回到1100，他根本没有办法活下去。

暂时没有办法还不是最可怕的，最可怕的是他看不到改变，这才是最让人沮丧的，所以，他完全崩溃了。

我也经历过类似的一件事。当时我还在编刊物，我在博客上选过一位老师的稿件，后来就有了一些联系。但是突然有一阵子，她经常发来短信诅咒我，我非常惊讶，就回了一条短信问：你怎么了？从我对老师生活状况的认知来看，我发现她精神出问题了，我没有指责她的意思。结果她发了一个短信说：不好意思，我发错了。

有一天，我从办公室出来，在楼下见到一个精神涣散的女人，似乎在等人。我问她：你找谁？她反问我：你是张文质老师吗？我说：是，你是谁？她报上姓名，我一听非常震惊，她居然从湖北宜昌坐了十几个小时的汽车，到福州来找我们。当时我除了震惊以外，还感到很惶恐，我真的不知道怎么来应对这件事情。现在想来，我当时可能做了一件不太正确的事情，我叫来我的一个女同事一起来陪她吃饭聊天，结果她一吃饭就开始流眼泪，我看她的神情，发现她病得很重了，这个病完全是精神性的，我们不能帮她解决任何问题。我给她的朋友打了电话，让她的朋友转告她的家人她来了福州。后来她回去了。但是过了几个月，她就从学校教学楼四楼跳下来，当场身亡。她死亡的原因，与她身体上的病痛，工作上的负担过重，劳动没有得到肯定，经常受到不正确的评价有很大关系。

当我做生命化教育的时候，我经常在想，我们今天这个时代就是一个应试教育的时代，就是一个威权统治无孔不入的时代，就是阶层已经固化，底层的人怎么挣扎，都难以改变自己生存处境的时代。在这样的时代，我们能做什么？我们能给老师带来什么？一个研究者要以什么样的姿态去做研究，要以什么样的姿态和老师们共同生活在一起？这些都是我经常思考的，也是我在写作时不断地自我挣扎和自我反省的地方。

我非常认同契诃夫的一个观点："我们要一点一滴地挤掉我们身上的奴性"，这是他给朋友的信件里面的一句话，我极为认同。我们不能不承认，我们身上有很多的奴性，有很多的懦弱、贪婪、欠缺，很多的无知与误解。对于我们自身而言，我们需要不断进步，需要交流，需要自我审视。我觉得我自己就是一个努力挣扎出来的人。我在大学同学里面是年纪最小的，上大学时还不满16周岁。那个时候我从一个乡村突然来到上海，这样的文化反差给我的压力很大，使得我身上某一种文化自卑加重了。这么多年走过来，我都在一点一滴努力挤掉这种文化自卑，让自己变得阳光，变得从容，变成一个更为坚定的建设者，变成一个能够有自我改善能力的人。同时，通过自己的自我改善去影响别人。我们做生命化教育，在寻找更多的同路人，在同路行走的过程中相互鼓励。我们倡导这种鼓励文化、肯定文化、尊重文化。也就是说，我们提倡一种野生的、朝着光明方向去努力挣扎的生活态度。因为作为一个教师，一方面，要看到处于这样的处境和格局之中，自己所受的极大限制；另一方面，毕竟教师又是一个指导者、一个引路人，有着双重身份，要去启蒙，同时需要被启蒙。被启蒙是非常困难的，在这样的处境里，生命化教育更倡导阅读，引导教师重新学习，重新把自己变成一个坚定的读书人、学习者。我们在福州有一个"1+1读书俱乐部"，十多个有共同的价值观或者生活态度的人，经常因为书而聚在一起。在过去的四年多时间里，大家一起共读了20多本书，有时候现场讨论，有时候在网络上交流讨论。这样的形式也在很多学校得到推广，我们可以很自豪地说，我们为这个社会多增加了几个读书人。

我们读书会读的第一本书是美国教育者帕克·帕尔默的《教学勇气》，这本书里最重要的观点就是重建认同，重建生命的完整性，告诉教师面对教育的恐惧时，要成为一个学习的共同体、心灵的共同体。这样的阅读使我们一方面思考了职业的本分，另一方面超越了职业的本分，成为真正对学生的心灵能够有慰藉和帮助的人。我们还读蒙台梭利，很多老师读完之后说，要是在做父母之前读到这本书多好。很多人在成为父母时，在做教师时，对儿童的认识一片空白，大多数人是在一种无知的状态里靠某一些残缺的经验、靠周围的影响，或者某些普遍的社会氛围做父母、做教师。蒙台梭利谈到，当教师最重要的就是克制怒气，不要生气，这是做教师最重要的精神准备，因为做教师太容易生气了。这样的阅读中，我们可能要重新梳理某一些关键词。于是，我开始提倡教师要把耐心、乐观、坚守变成一种基本的职业素养，这些东西可能比知识更重要。

今天教师遇到的挑战是前所未有的，今天社会共同的价值认同也出现了巨大的矛盾与问题，那么，在这样的处境里，我们到底能做什么？我们到底怎么去改变学校？或者怎么从改变班级开始，去改变一个学校？

这么多年跟老师一起研究的过程中，我发现对一个人产生影响是有可能的，但要对一所学校产生实际的影响是极其困难的。对一个人产生的影响，很可能会对他一生产生影响，对一所学校产生影响往往是非常短暂的。因为我们学校的存在和生长，并不是依靠某一种教育思想，而是以行政与权力为中心，有时候校长一变，或者局长一变，或者某种评价方式一变，原来郁郁葱葱的教育生态文化可能一夜之间就荡然无存了。所以，我后来特别强调个人大于学校，强调要回到每一个具体的个人，回到具体的教育生活之中。就教师而言，每一个教师都要把教育好自己的孩子当成一生最重要的使命，先把自己的孩子教育好。这个所谓的"好"，在我看来，更重要的就是有一种开放的生活能力，有一种对人类共识的认同，有一种在历史文化里面的悦纳与改善自己的素养。

比如说，我孩子在国外读高中，读大学，很多朋友问我把孩子送出去前最需要作哪些准备。我经常想，其实孩子独立在外面生活，独处能力太重要了。一个人孤独寂寞无助无望，或者不知道向谁倾诉，不知道向谁求助，这是多么可怕的事情。我曾经作过一个调查，就是一周时间里，父母会跟孩子说几次话，一起吃几次饭，结果令人震惊，初中的父母跟孩子说过最多的话是"快点吃饭"，"吃完赶快做作业"，"做完作业赶快睡觉"，这是三句最经典的话。有一些父母一周不会跟孩子说一次话，特别是父亲，我们这个社会父亲的缺席是一个非常严重的问题。这是我们官场文化与商场文化，或者消费文化中一个很显著的特征。

一个孩子9岁之后，如果父亲不在身边，或者不能跟父亲生活在一起，这个孩子的成长就会有大问题，这不仅仅是一个一般意义上的教育问题，更重要的是他精神成长的问题。所以，我倡导父母下班之后就要回家，把孩子的教育当成我们一生的责任。我强调没有陪伴，就没有教育；强调下班的路，应该是回家的路，周末的时间是家庭的时间；强调无论多么艰难，都要自己亲自教育孩子。这些其实都是常识，但是这个社会的问题就出在常识缺席，甚至是常识出了问题。我还强调阅读，阅读可以让人重新获得身份的认同，获得一种自我滋养的力量。再是强调写作，通过写作来建构教育的理解力。

我们生命化教育有很多草根教师，没有什么体制身份与荣誉，很普通，但都出了自己的著作。我前几年有一个愿景，希望认识全国各地的中小学的老师，能够叫出两千人的名字。但是从去年开始，我突然发现，这个愿望可能不能实现了，我发现我从去年开始更容易遗忘了，有一些人名再也记不住了，这是我衰老的一种表现。另外一件事情我也在做，我希望通过我的努力，能够给100位普通教师出版个人著作，现在已经出了30多本了。这些书都不需要作者缴费，而是跟出版社签约，由出版社正式出版发行的书。对于我们而言，出书更重要的是促进教师成为一个文化人，成为有良好的教养、有写作能力、有独特魅力的人。

我们所做的工作，也许可以称为"存在的革命"。也就是说，今天的这种格局看上去没有变化，其实已经在变化了，只是变化得比我们期待的要缓慢。在这样的背景之下，我发现，如果我们在阅读，在交流，在相互倾听，对同行的人发出由衷的肯定和赞美，这个社会就在发生变化。我很认同像林语堂、周作人的观点，就是我们要做一些看上去没有意义的事情，人生才有意义。我们要做一些好像跟职业的规定无关的事情，才能帮助我们在职业的分内做得更好。

在我们的"1+1教育网"上，聚集了很多优秀的教师，从幼儿园教师到大学教授，目前注册的人数有四万多。这个网站是由北京的一个朋友出资搭建维护的，四年多时间过去了，这个网站还是看不到任何的回报。目前也有一些出版社，或者是一些研究机构在支持我们的工作，但我们从一开始就没有想过要去申请任何课题，申请任何项目，或者申请任何资金的支持。我们更多想到的就是从能够改变的地方开始，从我们有能力做的地方开始做，从能够改变的地方开始去改变。

更多的时候，我们应当把教育看成是自己热爱的事业，也可以称为命业，教育是我们安身立命之所在。我们因教育而变得美好，教育也因我们而变得更有希望，这也是一种自我期许。在这样的自我期许里，也可能一个人会变得更为纯粹一些。人的很多关系会变得更简单，更直接，更自然。生命化教育一直在这种背景下走了十多年。有一次，一个朋友说，生命化教育发展很慢。我说确实很慢，非常缓慢，或者说看不到成效。其实，在很慢很微小的地方，也许它就是文化生成的一种方式，我觉得在今天这个背景下，能存在下来，而且有这么多的朋友的相互呼应，本身就超过了我们原先的期许，现在这条路还在继续走下去。我就说这些，谢谢！

本分就是对自己责任的认同

苏州一位小学校长告诉我，他是一个很封闭的人，平时与人交往不多，也不喜欢应酬。这些年就是听报告也少了。他说："我更喜欢守在学校里，每天听听课，闲时就看书。慢慢读，慢慢想些教育问题。十几年来，我在学校每一次讲话，都是事先写好，打印好，然后再讲。我认为校长是不能乱讲话的，校长讲的话也不能前后不一致。我这样做还有几点好处：一是遇到老问题，我可以看看以前是怎么处理的，经验可以借鉴，同时也比较省力；二是处理很多问题都有临场性，记录下自己的处理意见，也积累了很多教育的感悟和智慧，现在去翻翻，有时还会惊叹自己当时怎么那么厉害，现在年龄大了，似乎反而没有那时候聪明。"说完，校长就指给我看，他办公桌后面书架上有两叠厚厚的文稿。

我说，现在很多校长都忘了自己的本分。有的事情可能是被动的，比如各种行政会议，常常非要学校"一把手"出席不可。体制需要上传下达，需要宣示自己的威严，划出势力的边界。特别是在城区，电话方便，交通方便，会议成了行政首长的"职务核心"，他们一方面要对学校严加管束，另一方面又忘了校长是为谁服务的。所以，学校里最不安静的地方就是校长的办公室，校长的手机也是24小时不能关闭，大概他们的身体也都是特别紧张的。体制随时都可以把玩各种"规则"所带来的快感，这也是今天教育领域比较病态的一件事。从某种意义上说，"受虐"也很容易转化为"内在需求",不是校长们变得爱开会,而是开会、听指示、等待"被检",成了一种最基本的工作思维。

更要命的是,慢慢地,很多校长就忘掉了自己的本分。在我看来,作为校长,你先别急着说要"制度管人",制度要真的都能管住人、代替人,也许学校有没有校长,校长自身素质的好坏就没什么区别了。

我想到的本分首先是"校长应该是在校的",校长不单是学校一些制度的制定者、执行人,校长更应该是学校文化的生命化范本,一个校长不进课堂,不和教师交流,记不了几个学生的名字,毫无自己的教育见解,这样的学校一定很麻烦。一个校长如果整天忙着应酬、忙于开会,到处作报告,他自然会更信赖"制度"对人的管束,慢慢地,这个"制度"其实也就是各种各样管人的谋术,我觉得现在很多校长比较偏好的就是这样的技术。其实一所学校,校长的生命在场不在场,不单是管理的成效问题,更核心的还是学校的工作是通过人的方式、生命的方式、文化的方式使学校有一种人性的浸润。校长的本分,自然就在于这里,他通过自己的教育行动,调节、改善、提升着一所学校的发展、师生生命的发展,也只有如此,校长自身的教育生命才能得以发展。

说到"本分",其实说的就是校长的文化姿态,包括他的工作方式、生活方式以及价值追求。一个校长怎么能够没有自我约束力呢?怎么能够没有对生命的敬畏之心呢?你的言行举止,通过在场的生命,作着意味深长的示范,这一切既是对所谓的"制度"的验证,又使得"制度"本身更具有说服力和执行力。比如一所倡导建设"书香校园"的学校,校长从不读书,一所倡导建设"无烟校园"的学校,校长烟不离手,一所所谓的"文明学校",厕所臭气熏人,如此等等,都可以说是校长没有尽到自己最基本的职分。其实说到底,校长才真应该是"想大问题,做小事情",同时耐心地把这些"小事情"坚持做下去,做出境界的人。本分在这里就是笨功夫,就是对自己责任的认同。

说读书

如何阅读一本书

时间：2013 年 3 月 11 日
地点：福州市井大小学
与会人员：福州市鼓楼区中小学教师
录音整理：邱　磊　凌宗伟

我们读书，要和自我反省联系在一起

应该说，我对鼓楼区的教育还是比较熟悉的，我所认识的最多的教师都在鼓楼区，包括自己孩子的教育也受益于鼓楼区，我也生活在鼓楼区。感觉在今年啊，特别是今年，福州人的幸福指数都提升得特别多，但我指的并不是城市发展得多快、多美、多好，而是很多地方都过得太悲惨了，我们经常为别人过得太痛苦而感到自己很幸福。所以，我经常在"1+1 教育网"的微博上说"今天福州的天好极了"或"今天的阳光特别好"。今天上午，我北京的一位朋友，也是北师大的博士，就跟我感慨：现在连呼吸都不敢呼吸！你想想，这个问题多可怕。所以，我们福州人可以邀请很多人来这里自由地呼吸。

今天下午我们就一起来做次自由的"呼吸"：我们来分享一下自己的教育生活，分享一下我们读书的心得，分享一下读书过程中的一些问题。

说实话，陈朝蔚校长上个星期和我说的时候，我并不是太明确来的任务，本以为是一场座谈会，没想到一下子就站在了大家前面。我想，在这个时代说读书，是跟我们的自我反省联系在一起的，是跟我们对生活的思考联系在一起的，也跟影响我们的文化心态的警醒联系在一起。比如我刚才讲，因为看到别人的痛苦而感到幸福倍增，这是不是一种文化心态？

刚才张瑜老师问我：为什么大家一进来都习惯坐在后排，而不是前排？这不仅仅是一个"习惯"的问题，而且是一种文化心态。我们首先选择坐后排，从文化的层面上说，这是一种弱者心态，也就是我把自己放在一个弱者的位置上，一个最安全的地方。这也是离中心最远的、最边缘的地方。这种地方不容易被关注，也不容易带来某种威胁，所以是最安全的。这样的一种心态，跟我们对教育，对家庭生活，对我们父母的态度都有很大的关系。说实话，我一直都是一个有弱者心态的人，很多时候都习惯坐在后排。而我现在开始坐在前排，坐在离主持人比较近的地方，这并不是说我变得很重要，而是因为我想要改变自己的弱者心态。

弱者心态，有一个麻烦在于：弱者对强者的心态往往是羡慕，而不是追赶、竞争，它更容易让人有一种妒忌、嫉恨、敌意的心态。这种敌意并不是因为对方是"我的敌人"，而是因为他"重要"。所以你就会用一种消极的方式来对待你得不到的那种"重要"的东西，就会产生一种消极思维，这会让你在单位生活中产生"集体无意识"。什么叫"集体无意识"？就是所有人不约而同选择了的一种文化路径。

我举个例子，很多年前，我们省教育厅下属的一个机构，要用投票的方式评选一个"先进"，规则是每个人可以投两张票。投票的结果是，一个因报考清华大学研究生而长期不来上班的人竟以高票当选，为什么？因为每个人都给自己投了张票，再给那个"最不可能选上"的人投了张票。实际上，这就是一种弱者心态。这种文化心态是消极的，或者说这是一种"利己"的心态；但这种"利己"，却不是选择竞争的方式，而是妒忌的方式，甚至是背后告状、诬陷、打击报复的方式。我经常引用契诃夫的一句话："我们要一点一滴地挤掉我们身上的奴性。"我们身上多多少少都有某种"奴性"。

我昨天下午去看一位朋友的孩子，晚上回来的时候，从西湖那儿走，那里有很多人在唱歌。我经常给有关部门挂电话反映情况：他们晚上唱歌也就算了，但经常都唱杀气腾腾的歌。昨天我还看到那里很多人都穿着很奇怪的军装，在唱《洪湖赤卫队》。这唱歌的人群中都以六七十岁的居多，我就产生了一种感慨：其实他们是从那个悲惨的时代过来的，都是很不幸的人，但是他们都只会有种习惯的认同，而没有自我的反省。自我反省，其实就是一个人"自觉"的开始。

一个人要有自我的思考能力，其实是很困难的。我们很多人都可以说是"偶然的个体"——你生在一个什么样的家庭，生在什么时代背景里面，最后从事什么样的职业，等等。但是，很少有人对自我进行思考。所以，大多数人都可以叫"偶然的个体"，而不是"自觉的个体"。一个"自觉的个体"，他就会有自己的选择，比如，这样的歌我应该怎样唱；比如，看到别人因钓鱼岛的问题在街上游行、砸别人的车，知道我不能这样做。不盲目，不随大流，有自己的思考，这些对一个教师而言，都非常重要。

今天上午单位开会的时候，我就提出来：作为在电教馆这样一个信息化的机构工作的员工，真正过数字化生活的人，还蛮少的。甚至有些人从来都不过数字化生活，或者对微博、微信、博客、网络有一种"功能性文盲"。这种隔绝，反映的是一种文化心态，而不单是一种技术问题；这种"功能性文盲"实际上是一种文化认同方面的偏差，所以，你对某种东西，总是有种回避、隔绝的态度，你也进入不了这样的生活。

教师还是"傻"一点好

接下来，我就要谈到另一个问题。当我走了那么多的学校，发现不读书的教师简直多得不得了。上几周，在福建师大附中，"1+1读书俱乐部"成立六周年的纪念会上，我们邀请了一些学者、相关校长，还有一些慕名而来的人参加，最远的是哈尔滨香坊区教师进修学校的李军校长，还有江苏南通二甲中学的凌宗伟校长，浙江嘉兴市一个区里的30多位教师，广东等其他地方的教师。但是我邀请了福州几个学校的校长，除了金山三中的连校长，没有一个人来。其实我邀请某一个人，知道他肯定不会来，但是我还是会请，我不是要考验他，而是有某种期待。这里面，其实就是一种文化认同的问题，像这样一个简单的活动，如果改由官方举行，我相信所有校长都会参加。但民间的邀请，大部分校长就不会来了。

现在要读一本书，由行政力量来推动，我相信所有人也会读，但是我们经常说要由"要你读"到"我要读"，其实也不是"我要读"，而是他需要有某种发自内心的需求。我相信，我们的教育局长，会经常跟你们说：你们要读研究生，因为现在博士生已经开始进小学任教了，你要感到恐慌。请问有人真正感到恐慌吗？（现场回应：没有！）其实，还是应试教育宰制了我们，在学校的行政评价里，从来没有读书读多少本、写多少读书笔记这些要求。可能只有到评职称的时候，大家才开始关心"文章"了。但评职称是"评"出来的，本来有个水到渠成的过程，可很多人又转向了其他渠道，比如买论文、找关系发表。

应试教育的可怕在于，你不读书，你完全可以考试；你不读书，你完全可以考出很好的成绩；你把学生迫害得死去活来，你可能成为"先进"……为什么？就是做练习嘛！别人做十题，我做二十题！我是最负责的老师。这叫害人不偿命！为什么呢？每一个人的成长都有一个最基本的保障体系，就是身体、生命的支持。比如说，一年级只要做一两题就够了，你要做了十题，孩子成绩是很好，但这"很好"背后的麻烦在哪里，你没去想过。

福州高考在全省基本是倒数第三、第四的，但是谁要敢说福州不出人才，我会跟他急的——谁说福州不出人才？福建其他所有地区的人才加起来也没有福州多，福州闽侯从实行科举制度以来，出了两千六百多个进士，可能是全国前三名。包括现在的院士、顶尖人才都数不胜数。所以，有时候是会形成反差的。高考考得不好，人才怎么这么多呢？这里面其实是有规律性的。我们教育往往失去了一些本质性的认识，也就是人的成长是有阶段和过程的，你在小学阶段投入过多，就像现在拼命使用农药、化肥、杀虫剂，从短时间来看，它对产量是非常有好处的。但从学业来看，小学投入过多，那在初中往往会出现学业枯竭现象。初中考得非常好的学校，我往往质疑它。如果是我的孩子，我的侄女，我的外孙，我可能不赞成他去这所学校。为什么？因为这所学校为了保住"第一名"，可能会不惜代价，而人生不会在中考结束，他还要到高中学习、到大学学习，人生的路还很长，他还需要终生学习，他还要终生珍爱自己的生命——如果把这个元素加进去，再去评价一个老师、评价一所学校，可能就不一样了。

所以，在福州，尤其说到鼓楼，我感到欣慰的是，可能老师"懒"了一点，但是"懒"一点啊，有时候放宽心想一想：他对荣誉也不那么急，他犯的错误不会那么大，这样对孩子的成长可能会歪打正着。也就是说，相对会比较从容一点，然后这个孩子上大学以后，工作以后，整个人生都会有变化。所以，你一定要记住：有时候，保守就是进步；有时候，落后就是优秀；有时候，建设就是破坏。教育需要有这样的反思。

这是我们需要思考的问题，这个思考需要有一个转化。你所有的反思都需要有一个转化，你反思的结果如果让你更痛苦、更绝望，那我觉得也不是正道。对教师而言，教师不能太痛苦，甚至不能太深刻。我很早以前说过一些观点，我说教师还是"傻"一点好，这个"傻"不是笨，而是稍微迟钝一点，不要那么敏感，不要那么深刻，不要那么有见地——有见地当哲学家好了。你一天到晚跟那些天真的孩子接触，你变得越来越机敏了，那不是有问题吗？人家说"近墨者黑，近朱者赤"，那么你怎么反向成长呢？当你和孩子们在一起的时候，确实不需要那么敏感，因为你不需要防范，不需要心机，不需要盘算。这是一方面，但另一方面，你又需要对人性本身有所了解。

"尿不湿"与教育的微妙关系

今天中午，我在和太太吃饭的时候，我说月底要到华东师大给学生讲课，我很想从这个话题讲起："尿不湿，对人生的成长到底意味着什么？"大家一说到尿不湿，都有点不好意思，尿不湿对孩子的影响非常大，日本的一个学者将尿不湿出现后的儿童，称为"尿不湿时代的儿童"。在尿不湿产生之前，我们的大小便都受到压抑，会让人感到焦虑，而且这种焦虑会延续到人的一生。我们很多老师为什么在上课之前要上厕所？焦虑啊！我们老师怕出丑，因为从孩提时代开始，我们就知道大小便拉在身上是出丑的表现。而尿不湿出现后，我想拉就拉，我想怎么拉就怎么拉，它变成一件很痛快、很享受的事情。尿不湿的出现，直接影响到孩子的性格、行为、人际关系等方面。这个时代的儿童都是非常直接的，我要怎么样，我就怎么样。一件科技产品或一件生活产品的产生，一种生活方式的改变，实际上对这一代人都有重大的影响。所以，当孩子不会因尿裤子而挨打，对他而言，童年的一切，都像刻印一样一辈子刻在他的生命里。我曾经做过"一年级的秘密"专题，与几个朋友在一起聊一年级，惊讶地发现，几乎所有人一年级都尿过裤子。为什么要尿裤子啊？这并不是说他控制不住，而是与恐惧有关系，不敢说；这跟学校的纪律有关系，跟师生关系上的某种压抑也有关系。有个人坐飞机，六个小时，边上坐着一个美女，觉得上厕所很不好意，很丢脸，就憋了六个小时，结果惨了，引起了尿中毒。我举这个非常生活化的例子，其实与我们的教育有关系。

00后孩子，跟90后孩子就不一样，90后孩子有的用过尿不湿，有的没有；跟80后、70后就更不一样。人啊，人性是在微妙的变化之中的。有时候是"无知"主导了我们，有时候是"误读"支配了我们。大家看到一个比较糟糕的孩子，都会说这样一句话——"江山易改，本性难移"，或者"有其父，必有其子"，这都是我们面对对付不了的孩子时，马上会跳出来的思维。但近年研究发现，人最难改变的是智力，而性格是最容易改变的。性格中的一些核心的东西很难改变，但是一些社会化的东西很容易改变，就是你如何与他人建立一种关系，这是容易改变的。智力之所以最难改变，是因为遗传都是几万年延续下来的东西，你怎么改变？比如说，我们所有人对神秘事物的恐惧，都是相似的；我们所有人对老鼠、蛇、有毛的动物的恐惧，都是相似的。为什么？因为这和人在最原初时代，最常侵犯人的动物有关。所以这种密码就植入了人的基因，代代相传，连恐惧都是相似的。那么智力也是这样。智力对一个人而言，是最要命、最难改善的东西，——我们的教育，说实在的，恰恰在这一点上是最麻烦的。

我们相信勤能补拙，我们相信实践出真知，勤奋出天才。这些话都有对的地方，但也有致命的缺憾，也就是我们太相信后天的努力能够改变前面的那些问题，其实，我们教育大部分的错误跟这个有关。教育不是为了提高成绩服务的，而是为了发展你的优势服务的。也就是说，教育是为了发展你身上"有"的东西而服务的，而不是为了发展你"没有"的东西。所以，教育的悲剧往往跟老师对学生过高的要求，对成绩过高的期待有关。

所以，我的看法是，一个真正优秀的教师，并不是他有特殊的方法能够帮助学生提高成绩，而是他有特别敏锐的眼光能够判断这个孩子的优势所在、天分所在。这一点是更为重要的。

学会与他人建立助益性的关系

这些年，通过我的阅读，我才感到活到现在，有些事情还算是活明白了。但活明白了，都已经太迟了，因为我的孩子都已经读大学了。即使我现在研究家庭教育，都太迟了。谁都在想：要是有第二个孩子、第三个孩子，那就好了。但是二胎政策放开之前，你要有第二个孩子，就只有被开除。有些人问我说：张老师，现在都只有一个孩子，那怎么办？我跟他开玩笑说：再生一个！还不行？就再生第三个、第四个、第五个。生到五个，就不用你教育了——他们相互教育就行了。我们就是相互教育长大的嘛，老爸老妈只有一种教育：棍棒教育。即使是棍棒教育，效果也是短暂的，真正的教育是相互教育，是兄弟之间、朋友之间、同学之间、社区之内的相互教育，这种教育对人的影响更大。

但是我们在制定政策的时候，都不会有这种思考。因为所有政策的灾难，都是由个人承担的：孩子教育不好，是个人的问题；孩子很脆弱，是个人的问题；孩子很孤独，是个人的问题……最近还在开"两会"，我就从来没有听到过一个人从人性的角度来谈教育，都是从国家战略的角度看问题。

我们所有的阅读，都是帮助我们去理解人性的，而理解人性最重要的意义在于：通过它，我们才知道怎么当老师——是用更恰当的、更理性的、更符合教育本真的方式。由此就会产生进一步的思考，跟这个体制不是对抗，而是共融、共生、共存的状态。

有老师讲，你说得很大，那我们怎么做呢？哪里还有空间呢？其实，当你有这些理性的认识之后，你真的就有空间了。人并不是那么笨拙的，也并不是只有一条路可走。你用一种建设者的心态，你用一种与人为善的心态，就会大不同。我们生命化研究团队里有一位深圳的老师，被校长反对得很厉害，不管她说什么，都会被否决。后来她跟我诉苦，我说那校长怎么回事。她说校长怎么自私、怎么贪婪、怎么粗鲁。我说：你跟我说了这么久了，这个人一点优点也没有，怎么能当校长的？天底下的管理部门都瞎了眼了？她被我问了之后，说，那他走后门的。走后门？你叫张老师去走走，真的走得出来？我有个当企业老板的朋友跟我说：当老板有时候就像一条狗一样，要去见一个拒绝见我的领导，就早上五点多蹲在领导家门口，一直等到他出来。我说：那我做不到，而且我脸皮也薄。所以，走后门啊，你不要认为是一件容易的事。太难了，天底下没有比送礼更难的了！

我举这个例子是想说明一点，你如果用一种对待敌人的态度去对待你的校长，你肯定是校长的敌人。在一个充满敌对氛围的学校里活着的人，很容易英年早逝，因为人真正得病，都是精神性疾病，慢慢才导致了肉体的疾病。过年的时候，她还给我发了一条短信：张老师，你说的对我太有帮助了。我还告诉她说：你不要等有事情的时候才去校长办公室，你真正需要的是跟校长建立一种人与人的关系。跟校长迎面碰上，校长转过头去，你都要当他没转过头去，并热情招呼他。这就是人与人的关系！说实在的，你如果用这样一种心态对待人，你真的没有敌人。当校长不高兴时，你难道还说："校长，我明明看见你了，你怎么还把头转过去了？你这不是让我难堪吗？"我又给她举了一些小例子，比如，送点小花到校长办公室去，校长不收，可以和他开玩笑：你是不是嫌弃我长得跟花一样难看呢？有些老师就像小孩一样，你跟他讲大道理他听不进去，你跟他讲例子，他马上连说"有道理，有道理！"

其实，我们跟任何人都应该建立人与人的、建设性的关系。按照美国人本主义心理学家罗杰斯的说法，就是要与他人建立一种"助益性"的关系，也就是让他人因为你而感到某种美好。这就是一种良性的东西。你无论跟谁，在什么时候，都可以建立这样的关系。我可以再举一个例子。那天我听人说，英国查尔斯王子穿了一双世界最顶尖的皮鞋，但这不算贵族。穿最顶尖的皮鞋，不能算贵族，只能算暴发户，但是这双鞋子穿了40年，还是灿然一新，这就叫贵族。就是因为他对皮鞋的那种珍视、爱惜，他才称得上贵族。我每天在上班的路上都会看到有两三个人在刷皮鞋，都是老人在刷。我有时候就注意看一下，比如你刷皮鞋的时候，你会和给你擦鞋的人聊天吗？绝大多数人不会，因为我们认为他是社会最底层的人，甚至是最低贱的人。我就是把脚一伸，继续打电话或做自己的事，没有人想到当我刷皮鞋的时候，我与擦鞋的人就建立了某种关系。这种关系的本质是人与人的关系，是一种平等的关系。

我在三八节的时候，被我们单位的领导拖去当"党代表"，回来满脚都是灰尘，就找一个人刷皮鞋。我就问她："你是哪里人？"她说："我是贵州苗族人。""你一天能赚多少钱呢？""二三十块。""你一个月只有六七百块钱赚？""是的。""那你怎么生活呢？"她却告诉我："生活还不错。"

当你问他的时候，你的情感可能就发生了变化。本来说三块钱，你给完就了事了。但你问完之后，你会给五块钱。你接着想，你就能想到，要动员大家都来擦皮鞋，——因为你到街上擦皮鞋，你就养活了很多家庭。他们因为你这样一个举动，孩子就可以正常上学。人的关系，经常是这样的。有本书叫《爱之叶》，讲一个人到山上去采野蜂的蜜，用一片叶子包起来，然后带回家去让全家人分享。那片包过蜜的叶子，随手给鸡吃。鸡吃完后，它的排泄物又给很多小虫吃，这实际上就形成了一个"爱"的传递。当你仔细去想一想，人的很多爱就是这样传递的，所谓的助益性关系就是把某种美好的东西一层一层传递下去。我经常会跟朋友说：出门的时候，远一点的地方，一定要打车。如果很多人打车了，出租车司机就不会想要去抢劫；但如果每一个人都不坐车的话，出租车司机很可能就会变成打劫的人。如果一个社会，过于节俭，这个社会就是病态的。

你每一年总要读一本书吧

前几天，那个把婴儿杀掉的人，手段多么残忍，杀人的过程无比快捷，杀人的动因让人无比沉痛，这一定是一个不幸的人做出的悲惨的事情，这跟他的童年，跟他的文化，跟他的家庭背景，跟他的地位，跟他的恐惧都有关。前几天，我写文章说，我怜悯那个杀人的人，他肯定会受到惩罚，但我们应从心里面怜悯他，因为不幸的人，做这样的事一定是有原因的。

所以，当我们谈教育，一定要把某些很小的事情，想得比别人更远一点，想得更开阔一点。在教育中，或许找到一条正确的路是很困难的，但是找到一条错误最少的路是可以的。我经常说，我们可以做"最不坏的事情"，我们无法做到最好，但是可以努力"最不坏"。教育常常在做加法，但是对于我们日常行为来说，要做减法，把某一些粗暴的、简单的、缺乏耐心的、与我们职业身份不相符的事情，尽量减少一点。这也许就是我们始终要读书的一个动力所在。

我们"1+1读书俱乐部"六年一共读了30多本书，其中有几本是我推荐的。我推荐的书，有两点比较自信：一个是，这个书可能比较好读，也比较有意义；另一个是，可能比较难读，但你读下来一定有收益。这次这本书，你们读下来自然有收益，但是确实有点难。对于有点难的书，我有个建议：读不懂的地方，就跳过去；读不下去的时候，就放下来；实在读不了，就找一本替代性的来读。我们倡导"一本书主义"——一年我们至少要读一本书吧！

我有次从香港机场坐高铁到市区，在高铁上有则广告，是去巴黎旅游的广告，它给我的印象太深了：一个个非常美丽的画面，配着优美的音乐，但一句话都没有，最后结束的时候，画面消失了，闪出一行字："你这一辈子，总要去一次巴黎吧？"而我的广告语就是：你每一年总要读一本书吧？当然，最后我还要说一句，我们"1+1读书俱乐部"成立之初，我就建议，你最好忘记写论文，最好忘记读书的任务，最好忘记读一本书一定要有什么意义，用这个心态来读书，这是"为己之学"。

"为己之学"与"为人之学"之间，我稍微来作点解释。孔子说得好："古之学者为己，今之学者为人"。什么意思呢？"为己"就是为了自己而读，"为人"就是表演给别人看的。我的意思就是，我们一定不要表演给别人看，而是真的需要读。在座的各位，还没有当妈妈的，对你们来说，首要读的书，就是怎么来培养孩子。在你们当妈妈之前，一定要读过若干本怎么当妈妈、怎么做父母的书，这样你就胜人一筹了，在教育孩子的起步阶段，你就不会犯错误了。

我们回到《如何阅读一本书》这本书上来，当你读到难的地方，不妨化解一下，因为这样的书，跟我们的阅读经验有距离，很枯燥、没有什么事例、反复地阐述要这样或那样读。我们可以有选择性地阅读，比如对我们特别有帮助的，我建议大家做笔记。我觉得最重要的，比如说今天下午大家听我唠叨，你可以记下 20 句"张文质说的比较有趣的话"，或是五句"张文质说的我最不认同的话"，你带着这种方式提出来，这就叫作"格言式的写作"，也就是你读到一句很有意思的话，把它抄下来，然后自己去引申。

"当一个人变得年纪很大了，但并没有变丑，为什么？是因为他一直在读书。读书比任何的化妆品都更有效。所以，有没有读书的人，你看他的样子就知道了。"你读到这句话，觉得很有意思，就抄下来，然后回去问学生：是不是老师越来越好看了？你们猜猜为什么？这就是"格言式的写作"，我建议你们用这种方式来读这本书吧。这样做的最大好处在于：你再也不会去抄别人的文章了！我认为抄别人文章的人都是迫不得已的，或者是习惯不太好，但是"自从听了张老师的讲课后，我的习惯就变好了"。这就像李承鹏写的一部小说的第一句，非常有名，比那小说还有名——"自从我得了精神病，我的精神就好多了"。我说，自从我提出写格言以后，所有人都会写格言了。以后我们可以征集老师的格言，这比征集老师的文章或许要容易一点。

给教师的三个阅读建议

当然，我们今天读书是分成三种类型的，这一次，和我刚才说的"1+1读书俱乐部"有点不一样。一般方式的阅读是，你写什么就阅读什么。有人说：你刚才不是说要忘记写论文吗？我这里正好要提，你如果需要写论文了，你就阅读跟它有关的东西，这叫"功利性阅读"。功利性阅读，并没有什么不好，我们做很多事情都是有功利性的，比如，我今天来讲课，我的功利是什么？很简单啊，就是希望你们鼓楼区老师对我的印象好一点，说一声："这个张老师还是能讲课的！"我就是这个功利嘛。还有就是，今天单位要开大会了，我就不用去了，到这里来避一下。这也是功利。所以，我说的功利是什么呢？就是有时候你要写文章，你一定不能什么都不读就开始写，而一定要读了再写，写的时候在读。这句话不是我说的，是朱光潜先生说的。

我希望我们老师今后在写文章的时候，可以引经据典。引经据典有几种，一种是饱读诗书型的，学富五车了，写到哪里就用出来。当然我们老师可能做不到这一点，但我希望我们以后写文章时，不要老引用苏霍姆林斯基、陶行知这几个人，而且一引用都是那几个句子，陶行知也写了几本书啊，苏霍姆林斯基写的就更多了，不要老引用那几个句子。我说的意思是，无论你引用什么句子或举什么例子，都要想一想，别人用过没有。

哪怕是一种功利性的阅读需求，也是非常必要的。你写文章不能完全带着经验主义的东西去写作，什么叫有"学问"啊？"学问"就是掉书袋啊，"学问"就是追求某种博学，追求某种独特，当然，"学问"更重要的就是有深刻的见解。我觉得功利性的阅读也还是重要的。比如，你是一名语文老师，肯定有比较功利的阅读需要，所以你要养成一个"不读书，不写作"的习惯。一定要学会先读书，再写作，一定要学会引经据典，一定要学会掉书袋，一定要读一些别人没读过的书、引用一些别人没有用过的观点。

第二条建议，是和我们的专业成长有关的阅读，我说的"专业成长"，是指我们作为教师的专业，而不是仅仅指学科专业。因为我们要分清楚，我们首先是教师，然后是语文教师，是数学教师，是英语教师——这是苏霍姆林斯基一再告诫教师们的观点，所以，我们需要有几本书打底，需要有教育学、心理学、哲学、社会学等若干本书打底。当然，后面我会和朝蔚校长建议教师应该读哪几本书。比如，我建议大家首先要读蒙台梭利的一本书——《童年的秘密》。我说得夸张一点，你不读苏霍姆林斯基，没有那么遗憾；但是你不读蒙台梭利，你真的有问题——因为她对孩童的发现，对我们小学教师来说太重要了。儿童是怎么回事？比如，我刚才举的尿不湿的问题，这个事情实际上反映童年的焦虑会对我们的一生产生影响。蒙台梭利有个观点说，一个人不论是心理方面还是生理方面的疾病，如果是童年时代就得的，这是很难治的。你看一个人，这么大年纪还有若干毛病，往往都是童年造成的。

我认识的一个人，家境非常好，但是小气得不得了。我以前一直不明白。有一天，另外一个朋友告诉我，说他虽然家境很好，但是童年的一段时间，他的父亲竟然一分钱都不给他。我一下子就明白了，他的小气就是这么造成的。小气，从来不是因为钱太多舍不得花造成的，而一定是跟贫困、饥饿、妒忌、心理不平衡这些东西有关系。这种小气，发展到后来，就不单是对财物的小气，而且为人处世、思考问题的方式都会改变，所以，我在《孩子是父母最大的事业》里面就特别提到，要给孩子零花钱——零花钱背后有教育的秘密。实际上，这种点点滴滴的知识，对我们当一个老师，去体察一个生命的独特性，都是有帮助的。

比如说，我现在喜欢和朋友坐在一起聊天的时候看他，我一看，就知道他的童年过得怎么样。为什么？因为我们的童年就写在我们的脸上，年龄越大，那个童年照出来的东西就越真切。一个人在童年可能挨过打，看得出来，比如像我这样就是挨过打的。当一个人独处的时候，你看他的表情，你就可以看出他的童年。他的样子就是童年的样子。这种影响是不可逆的。我对童年中父母的作用有三点总结：一是不可或缺，二是不可替代，三是不可补偿。刚才我讲的蒙台梭利，实际上是帮助我们去理解一个儿童。只有我们真正理解了这个儿童，我们的教学就变得容易了。

教学的困难往往源于我们对儿童的无知。一个江苏南通的老师在博客上给我留言说，他班上的一个孩子来了一个多月一直哭，每天不停地哭，老师受不了了，不知道该怎么办。我就教他一招，我说：以后一下课，你就牵着这个孩子的手在校园里走一走，你什么话都不要跟他说，不要教育他不要哭，一个月之后你再来告诉我结果。一个月之后，他果然告诉我说：这个孩子好多了，不过虽然不哭了，但是又有了另外一个麻烦——他一下课就来找我，让我牵着他走一走。我说：你知道为什么吗？他说他知道了。原来这个孩子是爷爷带的，父母都不在身边，教育有时候就这么惨，并不是我先知先觉，而是这是一种规律性的东西。但我们可能很嫌弃这个孩子，这是很不幸的孩子。他缺的东西太多，所以他表现的行为往往很病态，这个病态和家庭的匮缺、某一些错误都有关系。从这个意义上说，教师是需要有慈悲心肠的，这个慈悲心肠体现在哪呢？体现在对孩子的理解、接纳和帮助上。

我的第二个建议是，读专业打底的书。20到30岁的老师，十年里面如果能读五本到十本专业的书，你在30岁的时候，至少有专业的自信；30到40岁的老师，再读十本，你到40岁的时候，就会有种专业的高度；40到50岁的老师，阅读就是一种"为己"的阅读——我们的教育不仅仅需要情感的慰藉，也需要专业的慰藉——再读十本，你就有种体会：我这辈子虽然没有成为一个优秀的教师，但我没有做太多的违背教育规律、违反人性的事情；50岁以后就可以很自豪地退休了。

第三条建议，教师不妨读两种类型的书。有的老师可以读一读自娱自乐的书，有的老师可以读一读见解特别深刻的书。有位老师，在电视剧《甄嬛传》拍摄之前借给我一本《甄嬛传》，我一行都看不下去，最后原书还给他了。他告诉我，很好看啊，我就告诉他，我和他有区别，不是我深刻，而是我们的阅读经验不同。

我从来不反对教师这种自娱自乐的阅读，实际上这也很重要，它会使你保持一种阅读的热情。

我的弟媳妇在我们老家当中学老师，上次我到她学校去讲课，那所学校也是我的中学母校，我就跟老师们提出，至少一年读一本书嘛。我的弟媳妇呢，过年的时候，我弟弟说她"一直在读书"，有时候还读得很晚，大概她怕我突然问她"你最近读什么书了？"她为了回答这句话，就一直在读书。有一天她和我说：哥哥，你那天讲的"一年只读一本书"，我们很多老师听完之后，还是很惭愧，实际上，有些老师十几年都没有翻开书了，连《知音》杂志也不读了，什么都不读！

很多人说我最近变"潮"了，到哪里都背着个包，其实不是的，因为我发现出门只带一本书是不够的，一定要放两三本才行，两三本其实不读也行，因为背着也能帮助减肥，而且背来背去的，心里很踏实。我上次来讲课的时候就说过，希望老师的背包里都带着书。其实有时候，我们坐下来，哪怕很烦躁，翻翻书，自然就会平静下来。阅读，也是自我平衡的艺术。

当然，我还建议，我们这里的50位名师，还应该读两本比较深刻一点的书。也就是说，其实只有在阅读的过程中，我们才能发现我们喜欢读什么；你不读就不知道自己喜欢什么，或者是哪一些书最能够打动你，你真的不知道，但读着读着就知道了。

给教师朋友推荐一些书

朝蔚校长问我：你今天有没有什么书可以推荐啊？要说推荐，我先推荐一下我自己的书，这也是为自己做广告啊，上两个礼拜刚刚向孙绍振老师学的。一本是我主编的《活着就是幸福——生命读本》，我觉得这样的书特别适合大家共读。本来这本书就叫《生命读本》，因为是在汶川地震之后出的，就叫《活着就是幸福》。这样的书，你读了就能增长你的学识和理解。这类书还是要读的，哪怕有时候就读一两句吧。

我们小学、中学老师都有个特点：有时候我们很难整段整段读，就是随机读、临时读，不要紧，我们试试看好吗？我就随便翻开一页，随便读一句。（翻书）哦，这是《怎么活着》，我就随便读一下："卑劣、愚蠢、放纵、邪恶地活着，与其说是活得不好，不如说是一种慢性死亡，追求灵魂中好的东西，追求神圣的东西，追求对肉体好的东西，应该做好人，或者向好人学习。"随便读，随便翻开，很可能都是一句很深刻的句子。我们再翻开一页，随便再找一句吧。（翻书）"谁在轻视肉体？而且我不能理解那些人为什么要这样虚伪地对待它？肉体是那么精密，那么好。这来历不明的、神妙莫测的美妙之物显示着独一无二的创造，每一个肉体都是无法复制的个体。"

这些句子怎么样？非常漂亮。有时候，我们随身要带着读的书，最好找这种随便翻开都奇妙无比的书，哪怕在等公交车的时候拿出来读一句都美妙无比的书。我不是说要推荐这本书，而是它里面有很多非常美妙的东西。我觉得它是一本开门指导的书，你从这本书开始知道下面该怎么读书。

那后面就因不同年龄、不同专业、不同学科，要读有共识的书。比如说，我就会推荐三种类型：一种是家庭教育型的，《孩子是父母最大的事业》《父母改变 孩子改变》；第二种是生命化教育的书，《回到每一个人的生命化教育》，这种书无论你是什么学科，都可以读；第三种，是我编的、能达到大家共识的书。

这三种书怎么读？特别是我们50位名师，该怎么读？因为时间关系，我就简单说一下吧。我觉得，我们还是要带着某种任务去读，因为50个人共同来读一本书，这就需要一个共同的任务。这个任务，首先意味着要分工，比如我们要分组，每一次来的时候，第一章是张瑜主持，那就由张瑜来朗读。也就是说，你要有一个"任务人"的角色才行。

我觉得，50个人一起来读太多了，最好分成三组，哪怕是一个月，甚至更长的时间聚集一次，都是可以的。对我们教师而言，虽然读书是个人的事情，但是分享是非常重要的，分享能使一个人增进对一本书的理解力，扩大我们的认识。还有一点很重要——有时候，我们真需要有人来推动一下。这种推动呢，其实是相互推动，比如这本书读一个学期，那就分成几个月，按月读下来，也是非常有必要的。比如说，一个组十几个人，大家分享一下。最后学期结束的时候，每一组都派两个老师来交流一下。

这就叫"读书共同体"。共同体定一个很严格的纪律很难做到，但是你可以定一些大家可以做到的东西，比如可以借鉴讲座的方式，除了刚才的导读之外，这一章节，你有特别的心得，你可以就这个章节谈一谈你的观点。实际上，我们读书是需要一些基本的共识的，不是说书发下去，半年下来什么都没读。其实，不是说这本书你没读就浪费了，而是说一件事坚持做下去会比较困难，所以要有一些任务，一些基本的要求。我们可以把要求放低一些，让每个人都能执行，每个人都有任务，那么再基于一种分享的立场，就能慢慢做下去。万事开头难，开了头，就不难了，但要持续下去。

我去年大概读了40本书，其中有一本我经常向人推荐的，就是写苹果公司的创始人乔布斯的《乔布斯传》。这本书还是很有智慧的，里面有很多精彩的见解，但是这本书蛮厚的，从头到尾坚持读下来，还是蛮困难的。有本《为什么孩子要上学》，是日本的大江健三郎的，可能就比较容易读。要说对我的专业有帮助的，是去年读的美国的爱德华·O·威尔逊写的《人类的本性》，他写的对人的自我认识对我很有启迪，——虽然只是薄薄的一本，但我读了好几个月，还是读不完。在这个过程中，我是一边读一边记笔记。

我有个朋友36岁，那个时候我还很年轻，我问他多大年龄了，他说要是在古代，这个年龄就可以纳妾了。然后你就知道多大年龄了。一般纳妾都要到35岁以后。虽然是一句幽默话，但却是中国的文化之一。有时候你读了某些书，真的会帮助你去认识人的行为，认识社会的问题。

好，我要讲的，就是这些。谢谢大家！

在阅读中做梦

时间：2009 年 6 月

地点：深圳市学府中学

与会人员：深圳市学府中学学生

录音整理：朱　颖

通过阅读，打开理解世界的窗户

　　今天非常高兴，第三次走进深圳学府中学。大家知道下午我来的时候，校长首先带我到哪里？（生：我觉得是图书馆。）为什么？（生：因为我们学校的图书馆很有水平。）谢谢你！我相信我们学校的图书馆是值得我们每一位学府中学的老师和学生骄傲的。你们是这样想吗？（生：是。）有没有哪位同学没有进过图书馆的？（生：没有。）我也相信没有。今天一来，校长先带我在校园里走了一圈，从前门，穿过长廊，看了一遍，最后的落脚点就是图书馆。我们到图书馆看了一下，我就跟馆长和你们校长说，我 40 岁以后，有一个很大的梦想，就是特别想到一所很小很小的小学当一个校长。后来发现，这个愿望几乎很难实现，因为所有的校长都是教育局长任命的，所以我就知道，我是当不成校长的。那我就跟你们校长申请说，我希望我早一点退休，来学校图书馆当一个管理员。你们知道校长是怎么回答的吗？她说："不行啊，这个位置我已经想了很久啦！这么漂亮的图书馆，我就是为了今后给自己当管理员准备的。"这当然是校长开玩笑的话。但是这个图书馆，我相信，谁走进去都想当馆长，都想当管理员，都想成为图书馆的指导老师。

其实，我说我要去图书馆当管理员，说实在的，还有点不够谦虚。因为在国外的中小学，教学水平、教学学养最高的人，才有可能在图书馆当管理员。因为图书馆是所有同学最常流连的地方；是同学们带着最多的问题，去探索答案的地方；又是同学们带着最多的疑问，开始人生新的出发的地方。这个地方不是谁都能当得了管理员、当得了图书馆老师的。

我这次到我们学府中学，说实在的，校长在这之前用了种种方法，因为她知道我这段时间比较忙，很可能与深圳擦肩而过。你知道她是怎么诱惑我的吗？她使出了一招，特别厉害的一招，谁能想得到呢？哪位同学猜猜看？（走下台，把话筒送到一位举手的女同学面前，生：美人计。）这位同学是很有想象力的，她说是美人计。真的是美人计，而且不止一个美人，是三个美人。（生：哦？）而且美人的年龄都特别特别小。（生：哇！）这些美人不仅可以在岸上、陆地上生活，还可以在池塘里生活。（生：鸭子、鸭子。）校长跟我们描述，说学校现在非常非常美丽，到处都是凳子，学校很多的墙壁、角落都命名了，但是，让学校变得更加漂亮、最为动人的是那三只给美国人带来巨大文化财富的鸭子，我不知道这三只鸭子会不会给我们学府中学也带来巨大的文化财富，这就要靠同学们去想象了。校长今天早上又给我提议，说跟同学见个面，我们来谈谈阅读。今天中午校长让我看了学校为阅读所做的网络上的图片和文字的记录，上午也参观了同学们阅读的脚印和阅读的空间，我觉得太美好了。所以我答应了校长的要求，校长问我，起一个什么样的题目，我说就起这个题目吧（指向幻灯片）——愿我们的心灵始终保持黎明的感觉。校长说这个题目很美。美吗？（生：美。）我说当我写这个题目的时候，我的眼前浮现出来的，就是我们学府中学同学们那一张张聪慧的脸，那一双双清澈的眼睛，那一颗颗充满了想象力与创造力的大脑。所谓"黎明的感觉"，其实我是受到北大著名人文学者、鲁迅研究专家钱理群先生的启迪，他说："年轻人，最重要的是需要有一种黎明的感觉，黎明的感觉里包含着希望，包含着想象，包含着穿破黑暗的梦想，也包含着更美好的未来。"所以，这个年龄敢想别人所不敢想的事情，敢做天底下最瑰丽的梦，要是年轻人不做梦，这个民族就成了木乃伊；要是年轻人没有勇气，这个民族就再也没有希望了。我们要尊重我们生命的热情，我们需要不断使我们生命的火焰始终保持着它热烈的温度，保持它瑰丽的色彩，保持它无比动人的对世界的照耀的力量。但这一切不仅仅是靠我们自身的生命就能够把梦想保持下去的，同时我们还要不断地汲取同代人的、前一代人的、人类千百年所积攒起来的精神财富。任何一个有智慧的人都不可能靠自己独立一人去打开理解世界的窗户，去发现前人所未发现的真理，人类所谓的文明，实际上就是一种不断传递的火焰，一代一代人都通过自己的努力有所发现，同时把这样的火种传向下一代，于是，下一代的人，从某种意义上说总是会比上一代人更聪慧一些，比上一代人视野更开阔一些，比上一代人对世界的理解更为深刻一些。这一切都需要通过阅读的推动，所以，一个聪明的民族，一定是一个阅读的民族；一个视野开阔的民族，一定是一个阅读的民族；一个有想象力的民族，一定也是一个阅读的民族。我今天来到学府中学，深切地感受到我们这里浓浓的阅读氛围，中午校长又把同学们编的由美丽的文字所构成的象征你们对世界的理解力的一本小册子交给我，这让我由衷地感觉到，在学府中学，作为一个学生，是人生中何其美好的一件事情。

中午吃饭的时候，校长还给我看了顾艳老师发的一条短信，说她的孩子最大的梦想就是成为学府中学的学生。我们还有一位老师说，他孩子现在读小学二年级，他就希望他早一点长大，也成为学府中学的学生。你们有这样的体会吗？（生：有。）只有你们有吗？后面的同学呢？（生：有。）

我看了你们很多的图片，特别感动，你们的文章有一些写得极其美妙，这里我就不展开具体的评论了，我今天希望采取一个很简单又直接的方式，就是你们提问题，我来回答问题，好吗？我请周老师来协助我一下。哪位同学想提问题的举手，周老师给他话筒。凡是你们想问的问题，都可以问。

每一个人都应该成为精神价值的传递者

问：我是八班的×××，原来我在萨特的《存在与虚无》中看到过一句话——"没有本质的存在，就等于虚无"，我也有些迷茫，就是人类以及这些文明的存在到底有没有意义？

好，谢谢。在座的同学，你们知道萨特吗？（生：不知道。）萨特是获得诺贝尔文学奖的一位文学家，同时，他又拒绝了诺贝尔文学奖，他说他要拒绝任何来自官方的荣誉。萨特所写的哲学著作非常有影响，他的小说也很有影响，他是存在主义思潮代表性人物之一。

刚才这位同学提出，人类的文明到底有没有意义，人类的文化存在到底有没有意义。大家如果说我们文化的存在没有意义的话，也许我们今天站在这儿，就不会穿着我们的服装，我们很可能会像原始人一样，身上裹着一些树枝，裹着一些树叶在这儿。实际上所有文化的存在，就是为后一代人提供一种更优质的生活，更开阔的视野，更明确、更高远的奋斗目标，提供了这样一种可以说是前理解结构，也可以说是新的奋斗平台。人类恰恰就是通过文化的平台才使得我们的生命变得有意义，从出生到死亡，从尘土中来，又归于尘土，但是生命存在的价值更重要的是文化赋予的，也就是你的精神追求，你的生活方式，你对人类的贡献等等这一切所构成的。比如说在座的同学，你们长大之后，总有一天要结婚，要生孩子，要承担起种族与人类的延续的责任，更重要的责任是在文化意义上。从文化意义上，我们可以这么说，任何一个人的存在都不单是实体性存在。什么叫实体性存在？就是人的肉体存在。还有一种是关系性存在。关系性存在你可以看出来，比如说你跟父母这种亲缘性的、血缘性的关系，任何一个人都不能离开，同时人也无法离开社会性的人际关系的这种存在，包括我们在座的大多数，都不是这种亲缘性、血缘性的存在，但是你构成了人际性的社会存在，就是其他人会成为你的伙伴，成为你生活的同行者，成为你幸福生活的各种帮助者、提供者，这是第二个层面上的存在。第三个方面的存在，就是超越性的精神存在。举个很简单的例子，比如我们学校为什么要请这么多的专家、学者到学校来讲课，这些学者没有一个长得像刘德华那么漂亮，但是这些人，正是因为他们为人类的发展提供了一种精神的价值，提供了一种对世界独特的理解，提供了自己对基础教育明确的有意义的主张，所以才来到这里。他们带着自己的思想跟大家分享，通过这样的分享，我们可能对世界的理解会变得开阔，会变得深刻，也会变得独特。从这个意义上说，每一个人都有这样超越性的精神存在价值，每一个人都应该成为一个精神价值的传递者，当然在传递之前，你应该成为一个精神价值的生产者，人类正是通过精神的生产，精神的再创造，不断地为后面人的发展提供了更好的文化土壤，所以，人类才会不断地进步，人类才会不断地发现生命存在的价值，人类才会不断地去追寻更伟大的梦想。

我不知道你有没有把萨特的《存在与虚无》完整读完了。读完了吗？（生：没有。）没有，读完还是有困难的。可能读完它，要等大学毕业，但是你知道萨特，你知道《存在与虚无》已经让我深深地敬佩了。因为你现在还只是初二的学生，我感到很敬佩。

生于互联网时代的孩子是幸福的

问：您好，我是×××，我想问一下您的初中生活是怎样的。

好，谢谢你。说实在话啊，你们以后应该很愿意跟别人说你们的初中生活，因为你们的初中生活太让人羡慕了。说起我的初中生活，我实在有点不太愿意启口。我前几天在杭州参加宋庆龄基金会"生命教育高峰论坛"，我在上面也作了一个报告，我的报告就是从自己人生的轨迹倒回去看，有哪些给我留下了最深刻的印象，我后来是怎么理解生命成长中的这些细节的，我是怎么不断地去回应它，不断形成自己对生命的理解的。

中国的发展有特殊的阶段性，总的来说，60年代的人会比50年代的人过得幸福一些，70年代又好于60年代，80年代也好于70年代，你们是赶上了很好的一个年代，90年代可以说是中国有史以来最好的一个年代，这个时代既是一个富足的时代，又是视野最为开阔的时代，所以我把你们这个时代称为互联网的第一代，你们随着互联网而诞生、成长，你们实际上从一开始就有全球性的眼光。我昨天在深圳外国语学校，校长就告诉我，他们的高中学生大概每年有200个以上要到世界各地去就读，我相信我们学府中学在座的同学，你们之中大概也会有10%、20%甚至更多的同学到世界各地去就学。

在我读初中的时代，我甚至没有独立离开过我的老家——那个方圆几里地的村庄。我初中的同学有一次相约到与我们家一江之隔的福州城去过一个周末，但我妈妈怎么都不肯让我去，我非常痛苦，但又不能反抗妈妈的意志，所以我一方面很沮丧，另一方面也很焦虑，很急切地等待着我那些到城里玩的同学带回来城里的消息。后来他们所讲的故事我都忘记了，但有一件事情让我印象非常深。他们告诉我，一位同学爸爸单位的大楼里有一个非常奇怪的东西——实际上是他们上完厕所后的发现，一拉那个冲水的绳子,所有的东西都消失得无影无踪。(大笑)这对我来说,完全是天方夜谭。我们乡下厕所看到的景象完全不是这样的,然后我就怀疑一定是我的同学杜撰出了城市里这些奇奇怪怪的故事。一直等我到上海读大学的时候,我才发现我宿舍的洗手间,真像我同学说的,一拉绳子,所有污秽的东西都消失得无影无踪。所以我就在想,一个人如果没有走出那种狭隘、封闭、无知,他怎么去面对这个世界啊!这真是一件很可怕的事情。我们会把刘姥姥进大观园看作是一个笑话,其实在笑话背后,让人震惊的是由于无知所带来的各种人生的耻辱。我经常跟我女儿说:你们真的是很幸运的一代。我们读书的时候,对世界完全没有想象。我读小学,课本里面告诉我,中国是世界上最幸福的国家,"美国黑孩子,天天饿肚子"。等视野打开之后,我才发现,美国的黑孩子没有饿肚子,美国黑孩子的黑孩子已经当上了美国总统,那就是奥巴马,我更愿意说他是亲爱的奥巴马。前几天,奥巴马到欧洲访问,我就跟我的同事说:你们看一看,当奥巴马跟他的太太出门的时候,孩子在哪里?孩子就陪伴在他们的身边。无论多么重大的活动,只要父母在,孩子就跟随着父母。无论父母到哪里,孩子就跟到哪里,你说这是不是比较幸福的生活?

现在回过头想一想,我就觉得,我很羡慕你们现在正在过的这么美好的少年生活,或者你们已经经历过的,也同样美好的童年生活。我经常很羡慕我的孩子,很羡慕她吃冰激凌,很羡慕她懂得苏打绿的歌。你们知道吧?(生:知道。)有一天,我坐一个朋友的车,他放了一张CD,我一听,我说:啊,这个歌好像是苏打绿的。这让我那个朋友非常惊奇,他说:这个歌你怎么也会知道啊?我说:我女儿听的就是这个歌。我跟我女儿学习,我跟我女儿一起分享这个美好的物质世界和精神世界,我很羡慕她,也很感谢你给我提的这个问题,让我又想起了那个多少有点痛苦的中学生活。

阅读可以帮助我们打下精神的底子

问：张老师好，我是×××。我想问的是，人们在看待生与死的时候，往往对死亡抱有一种害怕和未知的态度，那么活着呢，有时候又会体会到痛苦，如果现在您是处于生与死之间，是一个不曾活过，也不曾死过的人，你到底会选择生还是死？

谢谢。（掌声）你和你的同学的提问都让我很感动，你们不仅报自己是哪个班的，还报了自己的名字，很了不起。以后记住，无论见到哪一个陌生人，跟他握手的时候，都要告诉他，我是×××，一定要把自己的名字告诉他。实际上，这既是一种礼貌，更是一种自信，是一种文化的交往方式。每个人都需要有这种意识，就是让别人记住你，让别人尊重你，让别人分享你。

你提的这个问题，让我有点为难，太深奥了，如果我没有生，也没有死，那怎么来理解生死的问题，这有点困难。实际上，在我们这个年龄，对生死问题一定是最好奇的，经常会想，人从哪里来，又到哪里去？人死之后到底有没有灵魂？我们所做的梦，到底是一种预兆，还是日常生活的反映？是日有所思夜有所梦呢，还是有一个神奇的外来人托梦给你？

我的女儿大概两三岁的时候，有一天，她妈妈帮她洗澡，洗澡的时候她就在玩影子，然后她突然说了一句："墙上的影子是我们人的影子，还是我们人是墙上影子的影子？"这句话让她妈妈听得目瞪口呆。实际上这就是一个孩子对世界的好奇，每一个孩子都是诗人，每一个孩子都是幻想家，要想把这个幻想、梦想始终保持下去，是需要阅读的。我还想反问你一下，你刚才提出的这个问题是从哪里冒出来的？（生：心里。）没错，是从心里冒出来的，你是不是读了哪些书受了启迪，突然想到要考一考张老师？（生：《苏菲的世界》。）哦，《苏菲的世界》大家读过吧？《苏菲的世界》是一本非常适合中学生读的哲学入门读物，涉及的就是人有时候于两难中的抉择，它讲的是纳粹时期苏菲的选择。纳粹让她选择，要么让这个孩子活下来，要么让那个孩子活下来，到底选择哪一个孩子活下来。其实对一个母亲而言，要选择两个孩子只有一个能活下来，她能作选择吗？不能选择。任何一个选择都是可怕的，从这个意义上也可以看出纳粹的可怕，看出这种极权的可怕，看出法西斯的可怕。实际上，它就是帮助我们去理解一个复杂的世界，去理解人性的多样性、多维性。

昨天中午的时候，我从中山路过来，整条路上雷鸣电闪，我心里感到很害怕。我想问在座的同学，你们怕死吗？（生：怕。不怕。）我要告诉大家，我很怕死，我对大自然的雷鸣电闪感到很恐惧，当雷鸣电闪的时候，我绝对不愿意暴露在有危险的户外，比如说池塘边，大树底下。我昨天听说了一件事，一个博士带着她新婚的丈夫去爬野长城，在雷鸣电闪的时候还打手机，夫妻俩当场被雷电击毙。这让人感到很悲哀。

中央电视台有一档节目叫《知识守护生命》，但是，你如果学的是错误的知识，能守护生命吗？不能守护。其实任何人对死亡的害怕都是一件很自然的事情，不害怕死亡，要么是出于无知，要么是出于更高的一种境界——视死如归。我想，在我们这个年龄，我们还应该懂得害怕，比如说过马路，要特别谨慎小心。我跟我女儿说，就是看见绿灯了，也不能急急忙忙地过去，因为那时还可能有闯红灯的人，是吧？你要规避各种各样的危险。

从我们初中孩子这个层面，我们首先要懂得规避各种危险，还需要去探索人的奥秘，人到底是从哪里来的？说实在的，我从来不说我是一个无神论者，但我也不说我就是一个有神论者，我经常想的是，我们不能简单地说人类是从猴子变来的，实际上这个解释不通，就像爱因斯坦这样伟大的科学家，他都仍然相信有一只伟大的手在推动着这个世界。爱因斯坦有句名言，他说"上帝从来不掷骰子"。这话是什么意思呢？骰子一投下去，结果你能预见吗？不能预见。爱因斯坦说的意思就是，上帝所做的任何事情，都有他周密的安排。所以人类就会发现，这个世界上所有的事物，无论诞生还是死亡都是有规律的。世界上有一些神奇的事物，怎么演化过来，有时候真说不清楚。所以我想说，我们暂且不给自己界定是有神论者还是无神论者，可能更好的界定方式就是，让我们成为一个探索者，这是一方面。那另一方面呢，虽然你可能会害怕死亡，但是人终有一死，死亡不是问题，怎么死才是问题，所以，我相信更为重要的是要思考怎么活得有价值。

我的一个哲学老师说了一句很有意思的话，他说恰恰是因为人要死，人生才有意义，人要是不死，人就没有意义了。比如说在座的各位同学是初中的学生，你们现在急切地要读书，读书与年龄都有相应的阶段性。但是如果人长生不死，你觉得需要读书吗？不需要。100年后读书行吗？可以。1000年以后行吗？也可以。那既然不死，实际上什么时候读都可以，最后的结果是，谁都不读了。人的生命是有限的，哪怕活到100岁也是有限的，所以很多事情要早一点去做。有一位很著名的散文家叫蒙田，他就说过一句很精彩的话："万物都有自己的季节。"你们现在正处于开花的季节，做梦的季节，梦幻的季节。在这样的季节，按照钱理群先生的观点就是，"阅读会帮助我们打下精神的底子"。你童年时期、少年时期、青年时期所读的书，所接触的思想，所交往的朋友，所遇到的老师，所进的学校构成了你生命成长最重要的一种底色。从这个意义上说，这个年龄段的幸福指数往往是人生幸福的半径。童年时过得越幸福，生命越丰富，阅读越有热情，往往这个人的人生也就越瑰丽。所以我可能解释不了你刚才提出的那么复杂的问题，我把它转换一下，但是我还要说，我非常敬佩，你的声音也很好听，而且始终站着看着我，仪表堂堂，让我很敬佩你的礼貌。谢谢你。（掌声）

让读书变成我们的生活方式

问：大家已经知道了大自然的伟大、神奇，刚才您也已经说了。现在的人类已经对自然了解得很多了，那么在心中就应该始终有一种对自然的谦虚，以及对自己渺小的感觉。但是仍然有很多人总是对自然抱有一种狂暴感，您是怎么看待这个问题的？

谢谢，说实在的，你这个观点非常好，你对世界复杂问题的理解力在我看来超越了你的年龄，我非常敬佩，也由衷地赞扬学府中学的学术氛围、学习氛围。这种学术氛围和学习氛围使得我们所有的同学对时间的理解比别的同龄人更深刻一些。实际上人类很多的无知、很多的狂傲，都跟不阅读有很大的关系。

我经常悲哀地发现，比如你在机场，那么多人，你看不到一个中国人在读书。有的人在玩电脑，有的人在玩手机，有人最多就是在看报纸，还有人在发呆，宁愿等在那边，也没有人想到阅读。美国总统奥巴马，他一年读的书有多少啊？94本，令人敬佩，也令人惊讶。美国前总统克林顿也是饱览群书，他有一次要迎接新千年，就在白宫里面举行诗歌晚会。他跟诗人开玩笑时说了一句很有意思的话，他说：我年轻的时候也写诗，那些诗主要是为希拉里写的，但是我今天只要想起那些诗，就感到很羞愧，后来我发现要成为一个诗人是世界上最困难的事情，于是我就找了一份更容易的工作，就当了总统。你看，他说得多有意味，多么谦卑。我想这种有意味、这种谦卑实际上是一种教养，当然这也需要靠家庭、靠学校来引领，但更重要的是靠书本中那些伟大的心灵不断引领我们走出无知，走出野蛮，走出狂妄，让一个人变得谦卑而又丰富，柔韧而又坚强，使这个人能够不断超越自己的不足，超越自己的缺陷，能够走到更为开阔的世界。这就是我们每一个人努力的方向，也是我们每一个人的责任。

我们进入学府中学，可能最有意义的事情，最让我们自豪的事情就是早早地就受到了读书的启迪，读书就变成了我们人生最大的爱好，变成了我们的生活方式，变成了我们任何时候都不能离开的爱好。我相信，不是说你一定要取得多大的成就，而是你生命的质量，你精神的丰富度，始终是可以让你感到自豪的。

我昨天在深圳外国语学校还说了一句话：中国要建设的是一个常识社会，比如说不随地吐痰，这是常识；有人发言完后大家给予他鼓励，无论他发言是否精彩都尊重他，这就是常识。如果我们拥有了各个方面的常识的话，我们就会成为一个真正文明的人，一个真正高雅的人，一个真正值得人尊重的人。我们每一个人就是在为建设这样的常识社会努力，每一个人都为这样的社会的最终建成添砖加瓦。

谢谢你。

阅读可以培养对复杂世界的理解力

问：老师好，我是×××。现在我知道三种人生观：一种就是用一生去奋斗，追求一样东西或一种精神，这种人只有极小一部分才能实现自己的梦想；第二种是像佛教一样无欲无求，觉得对什么都很满足；还有一种就是及时享乐。我就觉得这三种都有很矛盾的地方，我不知道老师您是怎么想的。

我们今天所有的同学提出来的都是哲学问题，你们不仅是诗人，还是哲学家，所以光说少年是诗人还不够，还要说少年是哲学家。其实人生的美妙恰恰也就在这里，人生所有的问题都很难最终得到解决，孔夫子说四十不惑，我恰恰觉得我是四十之后才感到困惑。当然，孔子是圣人，他可以不惑，一般的普通人都是越过越觉得这个世界太复杂。法国有个哲学家叫埃德加·莫兰，他认为这个复杂的世界需要用一种复杂的思维去理解，很难确定哪种方法是最好的方法，要避免非此即彼的思维，这样就使得我们的生命比较有弹性，比较有张力，比较从容。比如我昨天从中山过来，路上堵车了，师傅就说了一句，要是刚才走另外一条路就不会堵了。我说，这已经是不可能的事情，我们不要跟它对抗，而是要换一个心态，堵车就堵车吧，我开得慢一点就好了，我耐心一点等待就好了，按照正常的秩序，我总能够到达深圳的。这样一想，心态就变得从容了，各种危险也就减少了。

胡适先生有一个观点：包容比自由更难。你包容各种各样的观点，包容各种各样的人，包容各种各样的利益，这种包容精神更难。其实一个人更需要的可能就是去理解这个世界的复杂，理解各种思想的产生一定都有它的理由，也许我们不用急着作判断。随着我们读书的增多，理解力的增强，我们的阅历更为丰富，有时候复杂的世界可能就会变得更为惊喜一些，然后你就会形成自己独特的世界观，独特的理解世界、理解自己行为的更好的方式。这个时候我们就真的变得更聪明了，变得更有智慧了，变成对别人有帮助的人，就可以开导别人，帮助别人。

少年时代应在阅读中做梦

问：您开始阅读是在什么时候呢？

我小学阶段没什么书可读，在那个时代背景里，识字也不多，所以真正的阅读是从初中阶段开始的。初中阶段开始的是青春阅读，青春阅读有一个很重要的特点，它是以文学为主要的阅读对象，文学之中有人生最多的问题，文学之中有生命最丰富的梦想，文学之中有最为神奇的艺术。一个人在少年时代不读文学，不读诗歌，不读散文，不读小说，不读戏曲，这个人的人生的丰富性一定会大打折扣。

读文学就是做梦，做一个更神奇的梦，做一个更复杂的梦，做一个我们对未来世界充满期待的梦，所以人的精神的丰富跟文学有最大的联系。也可以说，一个人在少年时代读的书越多，文学阅读的经历越丰富，这个人的生命就会打开得越充分，包括他今后去看世界，他的观察能力，他的表达能力都会很不一样。我一直也有这么一个文学的梦想，就是希望更多的孩子多读小说，多读诗歌，多读散文，多读介绍神奇世界的文本。老师也需要跟你们一起做梦，你也需要跟你的同学一起，跟你的爸爸妈妈一起做梦。

今天我们谈了很多复杂的生命的问题，谈了非常复杂的对世界对人生的理解，我相信这么好的问题的提出，都跟你们的阅读有关系。阅读好像让人的天窗真正打开了，我看你们的眼神就跟那些不读书的孩子大不一样，你们的眼神就显得特别清澈、特别聪慧，也比较坚定，这就是文学的力量。

读书会成为任何一个有教养的人一生最重要的生活方式

问：那就是说一个人的精彩程度、有意义的程度在一定程度上取决于他的阅读量，他从阅读中得到的收获？

应该说，人生某种意义上的成功，我指的是事业的成功跟生活的成功，精神层面的跟财富层面的成功，往往跟阅读有直接的关联性。胡适写了《四十自述》，你看完以后就会理解，胡适先生留洋读了博士，回来以后怎么还会听从他妈妈的指令，娶了一个乡下的女子江东秀为妻。胡适妈妈含辛茹苦把他带大，他父亲去世的时候，他母亲才23岁，他母亲是嫁过来以后才开始识字的，胡适童年的发蒙就源于他的妈妈。胡适妈妈在这个大家庭里生活得非常辛苦，胡适看在眼里，妈妈也对胡适寄予了很大希望。胡适也确实特别聪明，就成为了一个有出息的人。虽然他当时觉得娶这样一个没什么文化的太太，很痛苦，但最后在做一个比较痛苦的孝顺的儿子和做一个叛逆的可能会幸福一点的儿子之间，他还是选择了做孝顺的儿子，因为他实在不忍伤他母亲的心。另一方面，胡适先生说，他身上如果有一些美好的东西，比如说善良、有教养这些美好的品质，首先就要归功于他母亲，因为是他母亲教育他成为这样的人。

我说的意思就是，一个人不读书，你怎么能理解人性的复杂呢？怎么能理解像胡适先生这样受过西方教育回来以后又娶了一个小脚的媳妇呢？你就不能理解。所以书确实会打开我们理解世界的一扇窗户，很多很复杂的问题，其实我们都可以在书本上找到答案，或找到启迪，或找到一条去寻找的路线。读书就会成为任何一个有教养的人一生最重要的生活方式。

读书的吸引力

问：对您来说，读书的吸引力是什么？

我觉得，我当时作为一个乡村少年，要是真没有读书的话，我就不会对文学抱有梦想，文学梦完全是被点燃的，被书籍点燃的。前不久我还说，我回家的时候准备去找我的一个堂哥，这个堂哥在乡村也没做什么事情。我在五六年级的时候，开始产生特别强烈的读书情感，也不知道什么机会，我发现他也在读书，就跟他交换图书，说实在的，那时候读的书不是太有价值，但是这么交换来交换去，相对地，我读的书就会更多一些，而且读书的热情就被调动起来了。当然，也要说一下一件很麻烦的事情，到了初中以后，我学业成绩一直不太好，这不太好倒不是读书造成的，而是那个时候受的教育比较不完整，所以学业上有一定的困难，我爸爸以为我是小说读太多了所以学业不好,其实不是这样。有时候,我们读书跟休息,读书跟正常的课业也会有矛盾,因此合理地安排好时间就变得很重要,不能说反正我就是读书,作业不做不要紧,不能这样简单地理解。实际上人能够有计划地安排好自己的生活,这是一种很了不起的智慧。做事情井井有条的人,他一辈子会因为他的井井有条而获得更多的肯定,更多的成就。"有规律的生活甚至比信仰更重要。"有一位诗人是这样说的。

说课堂

在课堂教学的旅途
——一次现场生成的教育思考

与会人员：中学语文教师、学生家长

录音整理：蔡　琴　岑洁萍　邱　磊　葛杨红　季丽娟

思想的逸出：课堂的生命之源

教师大概也有不少的敌人，失去生活的热情是其中之一。

诗人布罗茨基有一篇文章，写的是对无聊生活的反省。布罗茨基说，要能够战胜无聊，需要有激情，也需要创新，有诗意。战胜无聊，靠的并不是财富、荣誉、成功。

某种别样的生活，思想自由的溢出，在对话氛围中的精神视野的扩张——我把它们看成是我们的生命之源。

有的时候，教师们聚集在一起，大家分享着课堂的某种探索，展现知识生成的可能性。课堂对我们构成巨大的诱惑与挑战。一位教师曾经对我说，上完一节课，发现有了很多的反思空间。不是我们不上课就没有这样的空间，而是课堂自然地把我们带到了生命场，那里众声喧哗，我们会听到更多独特的声音。所谓听力，其实是一种智慧。这就是我们的收获。我们收获的可能是体验，可能是敬意，可能就是对自我的理解，以及由此形成的课堂对我们进一步的诱惑。所以，我总是对课堂中那种相遇之后的无限的可能充满了期待。

比如，如果让我来上老舍先生的文章《在烈日和暴雨下》，我就不会像有些老师那样"有板有眼"，我可能会跟同学们研究一下老舍的标点符号有什么特点，为什么要用大量的逗号，为什么要用大量的短句，为什么要用大量非常短促的排比句式，写短句时和写长句时情绪上有什么不同（比如说，要写忧郁，一定要用非常繁杂的长句，那让人闷死了。那就是忧郁。而明快的、激烈的，包括某种非常压抑的、激愤的状态，为什么都用短句？），文章中的那个色彩是怎么回事，明暗又是怎么回事。我就想这样尝试尝试。我也知道这样的学习对考试来说可能麻烦非常大，学生上过等于"没上"，因为这样的内容，对考试一点用处都没有。这一点我就很佩服那些"厉害"的老师，他们能够入乎其中，又出乎其外。

当我说到教育的困难的时候，我说的是，我思想的逸出。

课堂的成功：让学生逐渐长成一棵大树

好的课堂，不仅要让那些优秀学生展示自己独特的才华，更应该让每个孩子都能发现自己，都能肯定自己，最后因为课堂的"成功"，他从情感的满足度上，也能充分地回报自己，这一点也许才是最重要的。我们对课堂的期待，其实就意味着对自己成功的期待。

所谓成功，我更愿意添加上乐观、自信、有独特的表现力等关乎学生生命状态的要素。它是通过一节一节课慢慢培植起来的。成功可能是一种心态，可能是一种习惯，可能是一种独特的生命表现方式——引人瞩目的魅力。我们以前有个错觉，老是以为这是经过多少年的苦难培植出来的品格，其实更重要的不是从苦难中培植出来，而是从寻常的、日常化的生活中，让他积累这些成功的因子，逐渐地长成一棵大树。它本身是一种实践性、成长性的，不是某一天凭空出现的东西。

在课堂中构建一个更丰富、更多样、更个性化的交流空间

一个精神健康的学生，应该能够跟各种各样的人进行交流，他充满主动性，同时他与人对话时的表情一定也是生动的，他的肢体语言也会是生动的。这大概就是一个文明人的表现吧。教育的目的不就是这样吗？那些受过教育的人，心地良善，有表现欲，眼界开阔，形体语言、面部表情丰富，有自己的精神面目。

有时候，老师的愿望是不错的，但是这些愿望怎么在课堂上实现，这个可能比愿望本身还要重要，比如说，在课堂里老师看孩子的眼神，从来都是这样——很真诚，很善良，很温情。提醒孩子的时候，总是很友好，很温婉，充满期待。

同时，我感觉到，教师在课堂上的表情达意，需要顾及学生不同年龄段的情感需要和理解力。你要用学生这个阶段能理解的方式，来跟他交流，来跟他分享。同时，一节语文课，它总有看上去比较小，但是非常重要的价值，我们要去开发，去生成。在一节课里，我让孩子们来复述，可能他们的复述状况不是太好，但更为重要的是，孩子们有勇气上台来复述，我们在构建一个更丰富、更多样、更个性化的交流空间。至于复述得怎么样，可能需要长期的努力。有时候我们教学的任务过于明确，忽视了在这个过程里学生之间互动的重要性。我们也忘了学生是正在成长的人。我们太在意结果了，要的总是马上可以看得到的东西。

好的课堂，体现师生彼此成长的助益性关系

我大概从1995年开始，就到中小学听课。有一段时间，我一年听了

100多节课。听着听着,我就糊涂了:一节课到底应该怎么上呢?

我觉得,有些名师的课非常厉害,这种厉害是因为名师本身的教育素养、课堂表现力,包括他的阅读能力、他的说话能力、他的教育教学经验。但是,有时候我听着听着,会觉得不知道课应该怎么上。不是贬低他们,而是你感觉到你所欠缺的东西太多了,你朗读课文的时候不会抑扬顿挫,你课堂提问没那么细致精彩,等等。你不知道怎么办。

这几年有一个词叫"磨课",好课是"磨"出来的。就教师的语文素养来说,它是一个需要打磨、琢磨,有时候甚至是折磨的过程。但是这个"磨课"如果都以教师为中心,那学生要怎么办?学生是怎么被你"磨"的呢?

学生的个人理解力在磨课的过程中可能会丧失,他上课好像在为你服务。所以,课堂到底以谁为中心?这恰恰也是新课程中争论比较集中的问题。我是儿童主义者,我完全同意以儿童为中心。

我没有想着"磨",我不必那么在意精彩,我不是只上这一节课,我在以自己真实、诚恳的方式帮助学生成长,同样,我也因此得以成长。这是一种生活方式,我们彼此形成了一种助益性关系。

面对教材,教师应该有一种被动的主动

有一次我参加出版社主持的教研活动,我给一位老师签名,他买了一本我主编的《教师怎样教育自己的孩子》。出版社编辑告诉我,他们带来的这本书已经全部卖完了,我感到很欣慰。不是《倔强的小红军》这类书全部卖完了,是《教师怎样教育自己的孩子》卖完了。时代不同了,让孩子从起点上就走对,让他在童年的时候,他的生命就得到更多的理解和尊重,得到更恰当的引导,这太重要了!如果按照这种视角去看,你选教材的时候就要换种眼光去选。

那天中午吃饭的时候，我们在饭桌上也有很热烈的讨论。我们60年代出生的很多人看到《倔强的小红军》这样的课文就开始忆苦思甜了。我们读过的语文教材苦大仇深啊。我们读过谁？刘胡兰、董存瑞、黄继光、邱少云、雷锋、金训华，都是死得很痛苦的人。还有的人是为很小很小的事死掉了，像《少年英雄刘文学》，那个倒霉的地主偷了大队的两颗辣椒，被少年英雄刘文学发现了，然后苦苦哀求刘文学放了他，刘文学不放，地主便利诱他，刘文学还是不放，最后地主被逼得走投无路，只好用最可怕的方式——把刘文学变成了一个少年英雄。我们小时候就读这些啊！我们现在很多孩子还在读这些。

我的一位朋友在他孩子上一年级的时候遇到这么一件事，有一天，孩子放学回家，跟他说："爸爸，今天我们学了《王二小》，我想问你一下，如果你是王二小，你会把日本鬼子带到包围圈，最后日本鬼子被消灭了，自己也牺牲了吗？"这是一个真问题，我们面对孩子这样的问题，该怎样回答呢？

我的朋友就告诉孩子，杀日本鬼子是大人的事情，你要跑得越远越好。他说，孩子还太小，更复杂的讨论，可以慢慢来。

当时我也到处说这类课文的"坏话"，有阵子它从教材中撤掉了，但是后来又回来了，为什么呢？有些人在"怀念"王二小，所以，王二小又回来了。这是非常年代可能有的非常事件，但是不能把这种非常年代的非常事件，当作心灵教育的范本。

教材是心灵文化的范本，是民族纯洁文化的代表，是启迪一个民族葆有想象力、葆有创造力、葆有对美好生活追求的一个媒介、一个出发点。从这个角度来说，叶圣陶的一句话可能有问题，他说教材不过是例子。其实教材不仅是例子。说教材是例子，背后是工具论。教材本身就是我们思想的构建，要不然教材为什么要变革呢？为什么有专家要对教材里面的文本进行细读呢？因为他发现通过这样的细读，能够读出文本背后的内容。

有的是微言大义，有的是值得争论的对象，有的是你意想不到的一种新的理解的可能性，所以，当我们去直面教材的时候，就应该想到，初中、小学、幼儿园阶段，尤其是儿童，13岁之前学习的文本对人的心灵产生的是一种文化刻印般的作用，很多影响以后难以用其他的方式把它消隐、去除。对于文本精神的纯洁性，这是要特别谨慎的事。文本的选择真的非常重要。判断文本是否"可教"也很重要。

这个时候，我也会想到，教师应该有一种被动的主动。

课堂的自然状态：一场生命之旅

教师首先要有思想，要对自己学科与教学有精到的见解。

教学是一场生命之旅，任何一个课堂都有一些特征，比如课堂的即时性，课堂的动态性，课堂中不断发生的快速变化，需要你在第一时间里作出一种反应这样的临场能力。由于多种因素逐渐形成的构成教学背景的那种历史性，无论哪个教师进入课堂，实际上就进入了某种课堂的历史中，就像这是一条河流，各种危险和机会都在等着你。

实际上，我们借班上公开课的时候，往往会低估了课堂的这些特征，低估了课堂的复杂，低估了本来就存在的艰难，我们总是带着我们既有的那一套对课堂的理解，用"我们"的方式走进课堂。现在中小学有一种特殊的情况，有些老师上课厉害得不得了，厉害得让听课的老师听完之后，佩服得五体投地。我的看法是，这些老师大概已经不是一般意义上的老师了，这些老师已经蜕变为"教学艺人"。他们完全可以不顾对象，不顾教学的内容，不顾场景，而只需要有一个大舞台来表演。他们的教学语言往往是一种戏剧性、表演性的语言，每一句话都充满了一种夸张，都可能达到某种"效果"，极具喜感力。这些都不是听课老师可以学的。因为没有这样的特殊的技术。同时，这样的课都是精心磨课的结果。磨一节课，上遍全国。这样的课堂危险就在于，对那些学生而言，他们免不了被道具化的可能！

这是值得深入思考的问题。你在对学生几乎完全不了解的情况下，进入课堂，你过去课堂里所运用的技术很可能让你无法教学。但是，实际情况不是这样，你的课堂像轻舟滑行在湖面上那么顺畅，那么优美，那么让人感到精彩，问题到底出在哪里呢？这样的教学真正的危险是，教师运用了某种巧妙的课堂控制术，使得学生完全跟着他走，学生始终处于那种生命激动的被动状态。所谓磨课，难道不应该思考一下：我们到底是为表演还是为教学？成功是一种充满麻烦的诱惑。

那么当我们在一个陌生的环境里上课，最好应该怎么上呢？我想，我们首先要尽最大的努力把这个课堂还原到更自然的状态，更自然也就是更真实，从生命的真实相遇开始，努力在彼此的发现中去建立一种对话关系。教学是由教师与学生在课堂上共同的发展所达成的。有时"一步到位式"的成功，在某种场景中是"可能"的，但我们如果做深入的追问，就会发现成功背后的诸多疑点。因为在大空间中，有无数人围观的教学，本身就是一件可疑的事情。

职业本分：只问耕耘，不问收获

幼儿园、小学、初中这样的基础教育，都有一个突出的特点，就是只问耕耘，不问收获。所谓耕耘，就是要按常识、规则来进行所从事的工作。这种工作的特性，可能需要漫长的时间，甚至上百年，都不会有太大的变化。

这种耕耘，就教学关系、师承关系、生命与生命的相互影响关系而言，它有一个常态，这个常态不会因为时间的流逝与时代的变迁而有多大的区别。我更加看重的是它相似相通的地方，这种相通的特性，是教育最根本性的一个原则，就是你怎么去按照儿童发展的特性，按照知识传承的规律，按照生命成长更自然的、更丰富的、更健康的普遍规律，去从事这份职业。这就是教师的工作，说白了，其实就是一种职业的本分。至于说教师这一职业看不到未来，这并不是说该职业是消极的职业，而是说这就是该职业的特性。它的未来更重要的是一种理念性的，同时也是常识性的。它始终有一个理念化的目标在指导着你的日常工作。直白地说，理念化的目标就是希望孩子成长得更顺利、更健康，最后更有作为，也就更幸福。

一代人成长的普遍规律说明，理念化的教育目标是正常的，也是需要的，虽然在当时的"我的身上"没办法证明，但"我"在"我的老师身上"可以找到证明；老师在他的上一代人身上，同样可以得到收获成果的证明。就在这样一个传承里，大家形成了对文化共同的理解。所谓看不到未来，并不是一个消极意义上的说法，只不过你看不到某个个体最终会长成什么样的个体。

从教育意义上说，你要相信在正道上成长的人，一定比在旁门左道成长的人来得更好。但是人生毕竟有非常纷繁复杂的际遇，还有个人不同的命运，以及整个时代的宿命，这个人最终会成长为什么样子，是谁都没办法预见的。所以当我们只问耕耘，不问收获的时候，并不是说，我一定要看到一个结果，我才坚定我要从事的工作。教师这个工作，按照它的职业本分去做，它必然包含着一种内在支撑的力量。

我们必须承认，人的很多的幸福感是跟物质的保障，跟工作的氛围，跟工作环境积极给予的正态的评价息息相关的。另外，我们还必须考量你对这份工作的热爱程度……

如果一个人通过他律的方式来感受职业，他是很难产生成就感的。都是别人逼迫你，要求你，规定你，用各种各样的规章制度来控制你，在这样一种生命的被动状态里，你是很难产生成就感的，同时就更难去张望教育的远处所应该有的人性的光辉。

我还有一个体会，这样的老师更容易被现实里的很多具体困难压垮。

我对课堂最大的期待：教师还在读书

我们不再去分析教师需不需要读书，教师需要读书已经是常识了。有个生物学家说，人是被规定来学习的动物。人不学习，就不能成其为人，人生下来，与其他动物最大的区别就在于，他始终在学习之中，他所有的能力的成长，都是学习的结果。我们从事教育工作，如果不学习，除了乏味、枯燥、闭塞之外，往往更容易成为一个专制主义者。

对于阅读来说，更重要的是一种自觉、自然的生命需求，一种对更好的精神生活的渴望。我在我的文章里曾经引用一个哲学家的观点，他说：什么叫庸俗？庸俗就是没有经历新奇、丧失幻想、失去对更好世界的渴望。

有一个朋友去上海看世博，听说看世博的人很多，排队都排得很长，我说：你有没有看到，排队的时候有人看书？他说没有人在看书，大家都在抱怨。人们就是不读书，大包小包很多个，包里面很少带着书，有时间的时候，不会想起看书，这是我们的一种常态。在机场，在车站，在公园，我们到任何一个地方，很难看到埋头认真读书的人。

这也是我们这个民族的隐忧，因为读书人里面好人总是会多一些，不读书的人，变坏的可能性会更大一些。

教师还在读书，这是教育的希望，也是我能够给予课堂最大的期待。

健康的教育：教师带着美好的气息走进课堂

在我看来，教师还要追求职业幸福，包括他身心的幸福。所以我一直希望一个好教师应该健康,应该长寿,应该惠及家人,包括职业的荣誉都能够惠及家人。这里面可能是一个复杂的问题,这个职业的前提是,教师的身体健康应该受到关注、关心和重视。比如说,原来教师是没有体检制度的,甚至有些教师生病了,还不能请假,所以才有"积劳成疾"这个词。教师的负担过重,身心失衡,焦虑成疾,他要想赢得更多的荣誉,要在这个职业里面成为一个成功者,他是需要付出很多身体本来不应该付出的代价的。

记得有一次我到一所学校去讲课,因为时间还没到,校长就让我在他的休息室坐一下。我看到休息室满墙都是荣誉,满墙挂着各种各样的奖状,我很感慨,我说这些奖状都写满了教师的汗水和血泪啊。我想说的是什么?很多评价制度本身就有一个负的导向。所以我更愿意这样来看待教师——作为一个教师,他就是一个职业,他付出应该付出的,他的付出是常态化工作需要的正常付出。

这么多年来,我一直坚持这样的看法,中小学教师职称制度应重新审视。全世界没有哪个国家给中小学教师评职称,我们是唯一的。其实这是通过职称制度,剥夺了教师的常态化晋级。教师的福利和待遇,本来就应该已经成为一个常态化的保障。当很多荣誉只对某一些个人进行鼓励,就意味着对更多的人可能是一种打击和排斥。

如果一个教师对荣誉的渴望,超过了身体的病痛,这是一个悲剧。一个教师积劳成疾,活到五十几岁英年早逝,他的家人也不会幸福,在他的职业生涯中,疾病也会使他非常痛苦。

所有的职业都要这样,他尽到职业的本分,他很健康、很快乐、很热爱这个职业,这是多美好的事情。我还有一个体会,因为教师是用生命影响生命、用生命去感知生命、用生命去推动生命的一个职业,一个不健康的教师走进课堂,他带进去的身体气息对学生都是伤害,可能很多教师从来没有想过这个问题。

因为我经常去听课，我对教师的气味是很敏感的。教师身上洒香水不能洒太多，而且教室的门窗一定要经常打开以利于通风。此外，教师的睡眠一定要充足。健康的教师的身体气息应该是比较清新的、美好的。

我们不要忘了，我们的工作既是脑力活，也是体力活。

（本文根据多场讲座录音整理而成）

好老师的专业素养与教育品格

—— 生命化教育的课堂审思

时间：2012 年 12 月 25 日

地点：苏州市枫桥实验小学

与会人员：苏州新区小学数学教师

录音整理：枫桥实验小学教师

参加黄爱华与数学"大问题"教学研讨活动，我受益很多。我们生命化教育研究特别强调"生命在场"，这次研讨活动就为我们提供了这么一个场，大家都能在其中学到东西。在这样一个我们都感兴趣的教育话题下，大家还能凝神，静思，心无旁骛，以至于这两天的思维速度和思考总量与平时也大不相同。两天的所学所得，可能会超过一个月的所思所得。这样的学习是一种自我激活，是生命能量、生命智慧以及生命肽的激活，我相信大家身上都分泌出了这种物质。也许这两天的学习不一定全部了然于心，但是，一旦这样的思考状态被点燃，我相信这种愉悦至少会持续一个星期。

其实黄爱华老师的团队这两天也非常辛苦，每顿饭吃完，还要开几十分钟的会。我们不能始终都这样生活，如果都这样，那是一种病态的生活；如果都不这样，则是一种平庸的生活。体验到的美好特别稀少的人就是平庸的人。作为一名教师，我们也强调生活的情趣，生活方式的多样化，但毕竟我们从事的是以传播思想为主的职业，引导人、培养人、成全人是我们的天职所在，所以，有机会聚集在一起讨论问题、分享所思所想，是一件很快乐的事。

我们聚集在这里，不是单纯地来听黄老师的课，也不是单纯地评课，黄老师的课堂造诣，他的团队成员对"大问题"教学研究的思考，还有其他老师的课堂，这些都构成了一种多维的、发散性的教学研究，它们最终回到我们自身，丰富了我们对教育的理解。

为了准备这次活动，我一直在思考我应该讲什么，一开始我想从生命化教育立场来审视课堂，因为生命化教育这个话题是我所擅长的，也是这么多年我在持续讲的，这个话题和黄老师现在所进行的数学"大问题"教学有一个相似点，就是可以反复阐释。一个思想，如果能够被反复阐释，如果能够有不同的人、从不同的维度反复阐释它，如果有越来越多的人对这个思想、对这个话题形成一套个人的理解，这个思想就不是僵化的，不是标签式的，这个思想的存在也就是有意义、有价值的。不断阐释，我们就抵达了对真理的更趋接近的认识。

为了使我的讲座更有现场感，我准备了关于课堂教学的思考。今天谢老师的课，我迟听了十几分钟，所以我坐在最后面。我发现，坐在前面容易听"进去"，坐在后面，距离就把缺点放大了。

好老师怎么站？

谢老师上课时站在哪里？她站在黑板旁边。

她的脸朝向哪里？她是朝向学生的另一方，有时还低着头看地面。

黄爱华老师上课时站在哪里？黄爱华老师怎么站的？（现场老师：站在中间。）

是静止地站吗？（现场老师：不是，是面对学生站的。）

有没有静止凝思站的时候？他这样站，有什么意味？

学生站在黄老师的前面时，黄老师都没有直着站，都是前倾的，他在课堂上经常是前倾着站的。据我十多年的观察，好老师在课堂上身体都是前倾的，好老师从来没有直着站、俯视学生的。好老师随时准备跟学生交流，时刻在倾听学生，整个过程都在观察，所以他必须前倾。他眼睛是这样的，有时像猫一样神秘。

老师在课堂上的站姿，不只是一个站的问题，它背后"站"着教育的思想、教学的智慧。有的老师整堂课下来，始终站在讲台后面，也有的老师一直站在某一个学生身边，所有的唾沫都喷在一个学生身上。这些习惯背后，都有一个对自我角色理解的误区。

谢老师发言为什么站在学生的侧面？为什么不站在正面？只要有机会让你发言，能方便让你走出来的，就要面对所有的人，把这个变成一种习惯，也可以说变成一种文化自觉——我是教师，我是跟所有人说话，我希望所有人都看见我，所有人都因为我看到他而感受到被关注、被鼓励。

好老师的手放在哪里？

今天施校长和我坐在一起，她安排了一位老师拍照，这位老师本来可以轻松地应对拍照的事情，结果我给他提了要求以后，他最多拍十分钟就要换人，你们知道为什么吗？

他原来只是记录式地拍，把活动现场发生了什么拍下来。我叫他具有教育意义地拍。大家有没有注意到黄爱华老师在课堂上的动作，黄老师的手放在哪里？有一些老师讲课的时候经常双手垂着，也有的手是放在身后的，还有的老师手插在口袋里，厉害的是两只手都插在口袋里，更为厉害的是一节课两只手都要插在口袋里。黄老师的手放在哪里？我星期天在家看拳击赛时突然注意到，拳手始终握紧拳头，一般都把拳头放在胸前，时刻准备着变换招式。黄老师就是那个拳手，整场打拳的过程，双手随着比赛的进行，一直在变换姿势，有时招呼学生，有时鼓励学生，有时迎接学生。他的手是会说话的，是有表情的，手构成了教学的一部分，而不只是身体的一部分。

那位拍照的老师需要全神贯注地捕捉黄老师的这些动作，所以拍一会儿就累了。

好老师的表情是有教育性的

今天我还注意到了黄老师的表情，有老师说听黄老师的课就像看赵本山的小品，其实我觉得他比赵本山厉害。我有时也自夸说，我比周立波厉害，我三个小时的讲座，没有团队给我准备，没有道具，没有讲稿，三个小时不断地自然生成，自然生成就一定会有表情，如果只是站在那儿"背书"，就没表情。有的老师在课堂上看学生，只是一种日常化、习惯化的看，眼神闪闪烁烁，大多数时候只是一闪而过，眼神里带着习惯性的冷漠和严厉，这不是一种教育性的眼神。

谢老师上课时说："你们手举高一点，老师是近视眼，看不见。"这句话不是教学语言，教学语言应该这么说："大家手举得高一点，这样老师马上就能看到你。"

而黄爱华老师在课堂上，那真的叫作全情投入，忘乎所以，让你觉得这个老师全部进入课堂了。一些老师在课堂上经常有一种习惯性站位，习惯性注视，比如始终站在这两排学生身旁上课，另两排学生干什么，往往都看不到。这种习惯性方式，其实背后涉及对"教学要干什么"的理解。有的时候，听课的人都会替课堂上的孩子着急，每次那个孩子都是最快举手的，老师怎么就看不到他。

这种习惯性的方式不改，你可能一辈子只能做一个寡淡如水的教师，你就不可能成为一个有影响力、有感染力、能点燃学生学习欲望的教师。

学生的情感不但是为知识本身所燃起，更重要的是要通过教师的点化燃起。比方说，课堂上，教师有一些任务要交给学生完成，不同的教师布置同样的任务时，会产生大相径庭的效果。一种就叫任务，学生完成了就完成了，多上台几次，他还不耐烦呢。而在黄老师的课堂里，学生上台成了一种"使命"，被允许上台的学生，一个个激动得不得了，黄老师把课堂中的工作变成了一种使命、一种荣誉，同时，他又能很好地利用学生的这种激昂的状态。

好老师怎么听？

教师在课堂上的倾听也很重要。教师怎么听呢？有的教师习惯背对着学生，一边听，一边板书，学生开始发言，他就开始板书了。有的是侧身听，学生在那边，老师还守在这边。为什么不走过去，再走过来呢？黄老师在课堂上做了一个很可爱的动作——假装在跑，其实不是假跑，而是他在课堂里有一种身体的活跃度，我们有很多老师在课堂上身体很僵硬，停在那里就不动了，仿佛身体被精神遗忘了。有的是假听，什么是假听呢？好像在听，其实没听，因为你知道学生说的是什么，所以敷衍性地听，而不是真正的全情投入地听。这里面又涉及教师的职业品格问题，哪怕学生说的教师已经听过千百回，甚至上万回，你都要像第一次听见的那样听，对课堂要永远怀着初恋般的情感，这一点是我们教师相当容易忘记的。老师觉得耳熟能详，千人一面，但是，对学生而言，是第一次听到，正像弗莱登塔尔说的那样，学生的发言和见解，无论多么千奇百怪，对老师而言，都应当是耳熟能详的，但老师都要像第一次听见一样，善待他，尊重他，肯定他。

这就构成了课堂中对学生真正的尊重，这样的尊重，能引导出不竭的好奇心和探索欲望。

好老师的语言能力和幽默感

我们再来说语言。我今天听黄爱华老师的课，真想把他的各种语言录下来，看黄老师在一节课堂里用了多少种语调。我在听课时写下了一个句子：他在课堂上有一种生成性的、自我戏剧化的能力，也就是平平常常的一件事，他会使得它具有一种非常戏剧化的色彩，有的时候他会挑逗学生，有时候会自我丑化。

比如，学生看到PPT上呈现的酒，怎么会想到酒鬼呢？他一定要告诉学生："你看到这个不要对老师产生联想啊！不要觉得老师是酒鬼啊！"他其实就是希望学生想到老师是酒鬼。"不要评价老师啊！"他就是要学生评价老师。这就是一种戏剧化。

他昨天说了一句话，我是很赞同的——真正的幽默不是带着锦囊妙计来的幽默，而是在自然场景中产生的幽默，这是一种智慧，一种机智。幽默的背后是很强的捕捉能力和自我戏剧化能力，这对教师而言是一种非常重要的素养。课堂上的调侃，不要想好了去调侃谁，那是讽刺。自我戏剧化带有很强的即兴的色彩。

除了我们平常所说的"抑扬顿挫"，教师的语言还要更丰富一些，比如说黄老师音色的变化、语速的变化、声调的变化，他都运用得非常自然，他不是想好了再运用的。

我最害怕的就是教师一进课堂，声音就高了八度，有的甚至像是捏着嗓子说话，嗓门大，但语言本身没有表现力。把这些语言素养综合起来，就意味着，教师确实需要有一种很强的表演力，不是为了展示自己的表演，而是，这就是他教学的一部分，这是一种具有教育意义的表演。

这个话题如果归纳为一句，就是"教师在课堂上要有舞台感"，我强调了教师应该站在哪里，怎么站，教师的手势，教师的眼神，教师的语言，教师的幽默感，教师自我戏剧化这些能力。

好老师的身体能力

跟这个话题相关的另外一个话题我也经常强调，那就是教师的身体能力。

教师应该是一个身强力壮的人。我们一直说教师是脑力劳动者，其实不够，我们还是体力劳动者，教师这个职业，没有身体的支持是不行的。有时我们课堂的失败跟我们的身体不到位是有关系的。再往下讲，就是"教师要过教师的生活"，也就是说，教师要过有规律的、健康的、可能看上去有些单调的生活，教师的丰富是思想的丰富、探索的丰富、情趣的丰富，很多时候不太可能是生活方式的丰富。这种职业需要一种非常强烈的认同感，当教师真的需要一种使命感，要能够从工作中获得乐趣，喜欢跟人沟通与交往，有表演素养。

如果教师没有职业认同感，就容易像完成任务一样去教学，我们生命化教育就一直强调职业认同感，尽管团队比较松散，但大家一直处于不断思考、不断探索当中。教师应该把教学过程变成一种研究过程，把教学工作变成教学生活，这是教师对职业认同的一种方式。我们可以就这个话题回到我们自身去审视一下我们日常的教学状态，审视一下我们日常的课堂表现。

好老师的专业素养

现在，我们来探究黄爱华老师课堂何以精彩的秘密，我不是想跟你们谈如何"跟黄爱华学教数学"，而是想由此聊聊教师专业素养这个话题。

黄老师的课堂中隐藏着一个秘密。为什么很多人说黄老师的课不可学？因为他的这种舞台感不可学，舞台感有非常鲜明的个人痕迹、个人风格，这是不可学的，但可以借鉴。

还有另外一个秘密。很多教师担心课堂一旦放了就收不回来，我们一直以为，"放开"是一种教学的勇气，不敢放开的人是因为胆子小。其实问题没这么简单，因为能不能放开，跟教师的数学视野有关系。一个教师拥有的素养要远高于教学时所呈现的素养，用我们以前的俗语说，就是"给学生一杯水，自己要有一桶水"，这个有点像农民的语言，用教育语言来说，教师需要有宽阔的知识背景，宽阔包含着方向感、宽广度、深度。

这些年来，我的感觉是，数学课最大的问题是数学教师自身的数学素养受到非常大的限制。我们原来对教育有一种错觉，教学是什么呢？我学什么就教什么，学多少就教多少，这是一种匮乏经济时代的匮乏教育的特征。这个话题拿语文学科来讲就特别形象，比如说一个中学语文老师和一个小学语文老师，你读过哪些书，就决定你对某一篇课文的理解，光看教学参考书是没用的。

上个月我听了一节高中语文课，老师上的是余光中的《听听那冷雨》，这是一篇很难讲的课文。余光中是台湾现代散文的创新者，20世纪二三十年代以朱自清散文为代表的那些散文根本不入他的法眼，他认为那些散文的技术含量太低了，而他采用的是技术含量很高的复杂叙事。他运用了电影的蒙太奇、小说的意识流、诗歌的跳跃与联想等等手法，使得这篇文章显得非常诡异，令人费解。如果按照传统的散文分析，你读不懂这篇文章，比喻、夸张、排比这些表现形式，事情的起因、过程、结果类似于小说的叙述方式，这些分析手法在面对这篇文章时，全部"崩溃"了。很多语文老师无法理解这一点，只能按照传统的方式来上，所以教不清楚。加上余光中是一个诗人，语言本身非常浓缩，一种是往外扩的语言，一种是往内收的语言，像密码式的写作，他是后一种，一个句子就把你读得落花流水。

我有一次给小学生上《丑小鸭》，就专门让学生提问，学生提了五花八门的问题，比如丑小鸭是怎么发现自己变成美丽的白天鹅的？白天鹅的蛋为什么会下在鸭子窝里？这些问题教参里肯定没有答案。我跟孩子说，课堂里出现的问题有多种处理方式：一种是，看看课文怎么讲；第二种是，课文没有解释，你就去看看原文怎么讲；第三种是，如果原文也没有讲，你就要自己想想。孩子问丑小鸭是怎么样发现自己变成白天鹅的？我的回答是：因为它从湖上面飞过，下面清澈的湖水，映衬出它美丽的倒影，它知道自己变成了美丽的白天鹅。就是这样的一篇小文章，我会经常问老师：你有没有读过童话的原文？你有没有读过安徒生的其他著作？你有没有读过其他的童话？所以说，教师要时时提醒自己去寻找和发现"知识背后的知识"。

从各种渠道都可以看出，今天的教师知识面确实太窄了。

再回到黄老师的课堂上来，某些即兴式的表现、语言、教学方式，其实背后都蕴含着开阔的素养，这才是最难学的。当你有了这种素养之后，你就不是在学黄爱华了，而是成了有特点的你自己。但是从考试的角度来说，这些素养是考不出来的。

我们的数学课如果没能培养孩子对数学学科的热爱，考试成绩再好，教育也是失败的。这就叫作成功的失败者，"手术非常成功，但病人死了"。我们当今的教育之可悲就在这里，教学非常成功，教育非常失败，最后培养了一批不爱数学、怨恨数学老师的人。

我们不要夸大观念的力量，不要讲什么观念先行；观念改变，行动改变；行动改变，结果改变；结果改变，命运改变。一个哲学家说，要是世界上什么事情都改变得那样快的话，我们就不需要活这么长了。人活得时间这么长，就是需要我们不断地学习，不断地成长，不断地琢磨，不断地领悟，最后获得新生。

什么样的人更适合当老师

这几年我在读关于人的书，关于儿童的书，关于生命的书，关于人性的书，读完这些书之后，我有一种惧怕感，因为这类书读得越多，你越会发现教育是很难发生的事情，你会发现，人身上与生俱来的、父母遗传的习惯、趣味等特点——我把它称为本质性的东西，教育在这些本质性的东西上能够产生的影响极小。

教育是极为复杂的事，而我们把最复杂的事看简单了。中国有60%以上的教育局长是由非专业人士担任的，所以我们的教育政策很容易信奉"没有教不会的学生，只有不会教的老师"。

昨天来上课的三年级学生的精神面貌和今天来上课的五年级学生的精神面貌大不相同。三年级的孩子你还可以看出他的家庭背景，到五年级就基本看不出了，教育就是要把蒙昧的人变成文明的人，把半野蛮的人变成高尚的人，孩子的表情、穿着，还有眼神的变化，是教育可以改变的。

教育是慢的艺术。就像在山谷里喊叫，声音要撞到前面的山才有回响，声音还没有传回来的时候，我们可以审慎地期待，但不要急着去评价。我们做"大问题"教学这个课题时，要把它看作一种发展性研究，而不是目标性的测定，要把它作为一个开放的课题，持续地、深入地研究下去，因为教育是难的。

前面我们说的是学科素养，这里我们谈到的是教育品格。教育品格的核心是两件事，一是你要努力探究，弄明白学生是怎么回事；二是针对这个学生，你应该怎么做。

听了黄爱华三节课以后，我就在想：黄爱华究竟在为谁上课？现在太多的名师是为自己上课，为下面听课的老师上课，而渐渐忘了上课的初衷是教学生，这些名师走得太快了，以至于把教育的灵魂给丢了。所以我还要强调一下，我刚才说的"舞台感"是一个有风险的概念，走偏一步，会变成一种表演性人格，现在很多名师就具有表演性人格，或者演艺性人格，我把他们称为"教育艺人"。

而黄爱华还是教师，不是教育艺人。这里面最重要的区别是，一节课下来，学生有没有成长，学生是不是因为自己的成长感到幸福。这是一个最重要的课堂观察视角。如果精彩课堂仅仅是看形式的多样和现场的热闹，那干脆让学生全部上台跳鸟叔的《江南 style》好了。教育品格意味着教师要从对人的探索去思考人的问题，教师注定不能做大事情，但一定要想大问题。坚持做小事，做琐琐碎碎的事，尤其是在小学阶段，这一阶段的孩子受家庭教育的影响最深，所以教学组织会显得越加艰难。

如果仅从成效来看，这样的道理可能会令你焦虑，但是，当你从教育的立场来看时，你对学生会产生更多的同情、更多的理解，你会有强烈地去帮助他、改善他、提升他的愿望。

我曾经写过孔夫子为什么哭颜回。通常的说法是：因为颜回是孔夫子最得意的学生，非常年轻就去世了，一生还没有做出什么成绩，所以孔夫子要恸哭。孔夫子哭的是命运：好人不一定有好报，好人不一定长寿，好人不一定有作为。而我认为，孔夫子还是替天下的教师哭，当教师很容易伤心，很容易为学生各种各样的困难、各种各样的不幸所触动，教师这个职业，心肠太硬的人做不了，太急功近利的人也做不了。我还觉得自身成长得不好，又没有从"不好"中挣脱出来的人，也不适合做教师。我很希望小学教师有三个"好"：家境很好，很有钱；身体很好，能够持续工作；童年过得好，很快乐。这样的人至少更"适合"做教师。

语文教育如何回到起点

——以余光中的《听听那冷雨》为例

时间：2012 年 11 月 18 日

地点：江苏南通二甲中学

与会人员：江苏省 20 多位语文特级教师和通州区 100 多名初中高中语文教师

录音整理：季　勇

我曾听过一位名师讲解余光中的《听听那冷雨》，课上得很大气，这位教师的从容源于他的学术自信，他能够驾驭得了这样的文章，同时他有自己的"秘笈"：他的教学从来都是从学生开始的，他是"被动"的引导者，这是特别困难的，看上去，他像没有"备课"，其实，他是不像一般人那样备课。不过，大家听完课，还是觉得这堂课难教，尤其是要在两节课内讲完它。我想如果不跟考试结合起来，就没有那么难教。如果跟考试结合起来，那就非常难教。很难说这篇文章两节课能教得完，我们可以花四节课甚至更长的时间上这一堂课。我不知道该老师有没有想过这个问题：文章的密度不同——思想的密度、表现手法的密度，或者说词语的密度，恐怕上课的时间是不一样的。

如果用文学的语言来表达，就如德国诗人保罗·策兰所说，《听听那冷雨》是一种紧缩型的文字。这篇文章里任何一个句子拿出来，都可以分析，它不像我们常见的文字那样舒张、平白、浅易，这里有写作者的一种很特殊的手艺。这个"特殊的手艺"，我听课的那位老师说是"刻意"，其实不是"刻意"，用"刻意"这个词来理解余光中的这种写法是不公正的。我更愿意认为这是一种"炫技"，对技术的炫耀，"炫耀"在这里不是贬义。

余光中是一个散文技术的变革者、新散文理论的构建者和倡导者。他的写作技术是新的。在他看来，朱自清的《背影》写得不怎么样，没有技术含量，没有任何弹性，没有思想的深度，没有咀嚼的空间。他觉得中国现代散文存在不足，举的例子中就有朱自清的文章。这种看法是否公允，其实是见仁见智的，姑且不论。余光中对自己写作散文自视很高，他说自己"右手写诗，左手写散文"，他有一本散文集叫《左手的缪斯》，书名的意思就是，他左手写散文，如有神助，是神赋予他这种力量。他爱说散文乃走路，诗乃跳舞；散文乃喝水，诗乃饮酒；散文乃说话，诗乃唱歌……散文似乎行于人间，而诗则行于人神之际。他这么说还有一层重要的意思，就是现代诗的启示对于散文写作的益处之大无远弗届，他认为诗人对想象力的倚重以及对文字的锤炼、文法的腾挪变化乃至音韵声调等等艺术技巧的训练，使诗人进入散文领域时总有一种"出险入夷"的感觉。他引用英国诗人柯尔律治的话，说诗是"最妥当的字句放在最妥当的地位"，而散文只是"把字句放在最妥当的地位"，有了诗歌的训练，写起散文来自然更得心应手，或者说更能变化自如。

但我们现在的语文教师缺乏对这种写作技巧的理解，因而评价课堂的术语和观念比较陈旧，比如还在讨论什么"内容决定形式，还是形式决定内容"。在余光中看来，这些都是陈词滥调，新的写作技术便是为了变革，让写作本身变得更有意义，耐人咀嚼，甚至成为对思想的一种挑战。

如果从高考的角度来说，这种文章可能真的不适合教学，它不是一种可以用框架框起来的文本。意大利作家卡尔维诺说：每一次阅读经典实际上都是一种重读。我不好说余光中的作品就是经典，但是你只要去重读，真的每次都会有新的发现。

余光中对中国白话散文传统有过严厉的批判，这种批判在当时是振聋发聩的。他一方面在批判朱自清那批人的散文写法，一方面在自己的写作上，又有一个强烈的意识，就是散文写作要进行技术革新。余光中有一篇著名的文章论述散文问题，题目叫《剪掉散文的辫子》，在文中，他批评了常见的三种散文："学者的散文"，掉书袋而冗长难读；"花花公子的散文"，伤感说教；还有一种是如有洁癖的洗衣妇一样把一切尘土连同服装上的花纹一起磨洗殆尽而寡淡乏味的"浣衣妇的散文"。他提出优秀散文须具备的三个特点是讲究弹性、密度和质料，弹性指的是散文对各种文体、各种语气兼容并包的能力，密度是散文对于美感要求的分量，质料是指构成全篇散文的个别的字或词的品质。由此可见受过现代诗训练的余光中对散文字质稠密、锻字炼句、音色声响等形式技巧是无比看重的。

我就在想，《听听那冷雨》这堂课真的要我来上的话，我也会觉得有点难度。如果泛泛谈，你就等于没有教给孩子什么，因为你无法帮助孩子破解余光中的秘密。泛泛地从写作上、从情感上入手，都很难教给孩子什么。

碰到这样有难度的课文，我就会想起孙绍振老师说的，遇到有难度的课文时，你不妨满堂灌，把你的理解、你的阅历、你的经验、你的学识，你所获得的所融解的一切，都摊开来交给学生。这个时候的"灌"实际上是一种引领，在教师的"自我展示"中把孩子带进去。比如说，余光中这篇文中的一些句子很有韵味，他用的是西化的复杂的长句，但是，长句的构成又是中国式的短语。这个很有意思。你如果仅仅用复杂的西化的长句，这样的文章可能就写得很猥琐，不那么感性。而余光中的文字很感性，甚至非常"性感"。你去读，"声色犬马"全在里面了。如果用那种复杂冗长的长句，可能就失之以晦涩。他用短语，节奏感就出来了，通篇文章节奏明快、很有诗意，有一种乐感。为了加强这种乐感，一开始他就用双声叠韵，料料峭峭、淋淋漓漓、淅淅沥沥来写雨，雨不仅是可听的，他还调动所有的感觉来写，从"听听，那冷雨"，到"看看，那冷雨"，再到"嗅嗅闻闻，那冷雨"，并"舔舔吧，那冷雨"，听觉、视觉、嗅觉到味觉都动用了，而且句式上（字数甚至标点）的变化也是十分用心的，避免单调的重复。为什么要这样全身心地来感觉这冷雨？这冷雨中所牵引出的作家的情感是值得教师带领学生细细品味的，这一点后面我会重点讲到。

而他用这样的句式，有时候是实写，有时候是虚写，有时候是联想，有时候是连绵的想象，这里有些技术是意识流的技术，有些是电影的蒙太奇技术。安东尼奥尼给他的启迪很有意思。安东尼奥尼当时拍的纪录片《中国》，整个世界为之轰动。因为当时的中国是一个神秘的黑幕国家，安东尼奥尼让其他人看到了我们这个神秘的国家———一片灰蒙蒙，神情呆滞，所有人都穿着毛式服装。而且都是以长镜头的方式呈现出来。余光中的写作跟这种电影技术有关系，他也是用的长镜头叙述方式。长镜头叙述方式给人的感觉是沉重的，但是这种沉重不是让人窒息，是带着你，带进去，带进去，好像就带进了中国，带进了古老的中国。"想整个中国、整部中国的历史无非是一张黑白片子，片头到片尾，一直是这样下着雨的。"上课时那位老师也用安东尼奥尼的电影把孩子们带进来，这非常重要。但是这里面有些东西是属于体验式的，刚才上课的老师说他对文章有他的体验，我说作为江苏人他的体验不如我作为福建人的体验，而我的体验又不如台湾人的体验。比如台湾最冷的不是冬天，而是春天。春寒料峭，非常冷。余光中对台湾的这种气候的体验是写实的，但是，你如果没有这种经验，就体会不到。有时候下两三个月连绵的雨，不见太阳，那种阴冷，好像真的无处躲藏。即使在梦里，也有一把伞撑着。这种想象，其实是从生活中跳出来的。而之所以从雨想到安东尼奥尼，就是因为那未曾点明的《中国》，对于余光中，两岸二十五年隔绝，他的体验是独有的。一股带来冷雨的寒流，只是因为是从大陆那边传送过来的，也因此而带来些许"温暖的感觉"，这份独有的人生体验和情感是值得细细品味的。所以，听雨、看雨、闻雨，都不只是写气候，因为这雨中缠绵着作者无尽的情思。

散文的美妙之处，就体现在这儿。它非常多地从实体，从实在的、当下具体的生活出发，然后联想、转化，绵延进入一种历史之中。所以我一直在想，如果我来上这节课，我会拿出第一段，或者第二段，引导学生一句一句体验、理解和分析它的手法，它要表达的情感，以至家国之愁，甚至家国之恨——这种情感其实是很复杂的，非常复杂，你真的不能把它讲简单了。

余光中是一位正宗的散文家，他是一位诗人，他不会用那种直截了当的方法来表达，他习惯用隐晦的、象征的、印象化的，有时甚至是非常曲折的方式来写。而不管是隐晦的还是明达的表现，余光中强调文字中最重要的是引人入胜的感性的诗意表达，他总说好散文一定要有最好的现代诗那种莽莽苍苍的感性，这是文学性和想象力的前提，他说过："仅有感性，当然不足以成为散文大家，但是笔下如果感性贫乏，写山而不见其峥嵘，写水而不觉其灵动，却无论如何成不了散文家。"他曾评价台湾散文家张晓风的散文之所以能够超越无数散文前辈，最重要的一点就是张晓风散文中充满诗意的感性、想象的奇妙，她能在写景或抒情的散文里挥洒诗才，着实达到一种高妙之境。而余光中这篇课文难教，也难在这里。我要教的话，首先就想让孩子们领会《听听那冷雨》中的感性诗意，领会诗人如何表达他的"临场感"极为饱满的感性想象，最简单的办法是让孩子们想一句，"翻译"一句，一句一句把全文"翻译"出来，看看余光中是怎样转化的。比如说，"惊蛰一过，春寒加剧"，这句写的是台湾真实的气候特点，虚的怎么样？"先是料料峭峭，继而……时而……时而……连思想也都是潮润润的"。这里用了"思想"，很自然就连到下面的想入非非，而金门街到厦门街这样的名字都是引发作者追忆往昔的契机，想念的伏笔已经埋下，从安东尼奥尼，想起中国，中国那块隔绝多年无缘再见的大陆，更何况"再过半个月就是清明"，整个情感一点一点地呈现出来，清明时节雨纷纷，游子的断魂不言而喻，余光中先是从"杏花春雨江南"的古诗词中给汉族的灵魂以回忆和寄托，接着回味那山隐水迢的中国风景而从宋画的韵味中强化中国情怀，最终，想到自己从少年到中年，从美国到台岛，"二十五年，没有受故乡白雨的祝福"（这里用"白"形容雨，为的是接下一句的"发上下一点白霜"，而连绵的雨水用白形容又无不可，作者对文字的用心也是到了极致了），白霜已爬上鬓角，心中的乡愁便如敲打乐般细细密密地弹奏起来，雨声如"强劲的电琵琶忐忑忑忑忐忑忑"，这忐忑的是作者的心，心中无尽的乡愁如乐曲般弥漫开来。从古诗古画古乐声中所引发的是古老的记忆，而记忆包蕴着的是深入骨髓的乡愁，当下既然遥不可及，历史就成为全部乡愁的皈依，全文所包容的情感的密度和美感的分量之重，单有中国古诗不足以呈现，需要把能体现中国之美的诗、画、乐全部调动起来，《听听那冷雨》可以说就是余光中散文中的诗歌（《乡愁》）。

我们至少要让学生感受作品中作者情感的呈现，哪怕我们讲一两句它是怎样呈现出来的，比如说这种从写实到写虚到想象到象征，如果这样的写作技术、写作技巧能和孩子分享，可能会更美好。这些其实也是我既作为一个语文教师又作为一个写作者对这篇文章的理解。

我现在听课很少听到语文教师个人对教材深入的理解，更多的是，他们的课越来越像解题思路式的教学。还有一种就是对记忆力的训练——这是我们从小学到高中做的最长的一份功课。比如古诗的教学，我们有没有帮助孩子去赏析，通过个人的体验，去捕捉、去咀嚼中国诗歌之妙到底妙在哪里？不下这个功夫我们的语文课还能叫语文课吗？如果从我们这个民族最需要的想象力和创造力上说，语文课堂应该做的核心工作就是要唤起学生对美和生活的向往，每一篇文章的教学都下这样的功夫，使学生明白最好的书是帮助他们生活的，任何的阅读行动都是一种精神的行善，它首先针对着自己。这是人类最美好的宿命之一，他们必须不断进入真正的学习，要不然只能日渐粗鄙与怯懦，根本难以体会文字传达出的良善与真性，他们的世界也因此敞亮，可以通达。

可以这样说，一个好的语文教师，首先应该是一个读书人，坚定的阅读者，他最要紧的功夫要下在这里。阅读其实也是一种经历，只有美好的思想和良善生活的经历，才可能使一个人免于庸俗、粗鄙与肤浅，他更应该"不同于其他人，因为他的童年没有结束，他终生在自己身上保存了某种儿童的东西"。这种"儿童"状态，意味着不竭的天真与好奇，也意味着心灵的开放，它"终身未成年"——阅读、书写、思考、想象、推绎……以无限密度、无限缠绵的方式，包裹着自己、推动着自己——也许我们因此可以说，所有伟大的教师都是始终葆有童心的人，他们的成长具有持久性，他们总是能从最广泛的阅读中，不止息地形塑自己，由此也才可能真正成为自己。

教师卓越的智慧：舞台感与戏剧结构

时间：2009 年 10 月 31 日

地点：济南市新苑小学

与会人员：中小学生命教育研究者和实践者

录音整理：新苑小学教师

这是我第二次听窦桂梅老师的课，上一次听她的课已是 2004 年的事了。值得一提的是那次和我一同听课的还有两位著名的学者，一位是钱理群老师，一位是孙绍振先生，他们对窦老师的课都极为欣赏并作了细致、生动的点评。后来孙老师多次和我谈到中小学语文教学时，都会提到所谓的"玫瑰色彩"带给他的惊喜。今天是我五年后与窦桂梅老师的再次相遇，自然，我也有更多对她新变化的期待，这种"变化"，不单是技术、技艺，我想的更多的是岁月、年轮对一位富有表现力、有智慧的老师到底意味着什么。刚才和窦老师作了简单的交流，她说自己要返璞归真，我能体会到这样的用心与变化，哪怕我们仍然会情不自禁为她的"魅力场"所笼罩，我也多少觉察出某种由"玫瑰"而隐然成为"梅花"的端倪。

今天在窦桂梅的课堂上，我最大的发现是，好的课堂一定会让所有人感受到教育朴素而真挚的力量，这种力量直抵每个人生命的灵府，在我们获得提醒、点拨和敞亮之间，某种内在的、确实是由我们生命自身萌发的精神需要被唤醒了，同时与其说被唤醒，不如说它一直是"等待被唤醒"的，因为对任何一个成长中的儿童而言，真善美就是它生命本身最重要的元素，它天然地寄寓于生命之中，现在它需要的就是一个"相信者"的相信，一个"肯定者"的肯定，一个"塑型者"的塑型。也许正是在这个意义上，我们才能说好教师就是一个生命的使者，她的"魔杖"确实有点石成金的功效，而所谓的成长其实就是"复归与出发"，而复归与出发都是以真善美为起点与终点的，有时我们真的难以区分到底哪些特质是学生已有的，哪些则是刚刚萌芽。这一点，往往正是好课堂最使人惊叹的地方，因为我们分明可以真切地感受到孩子们像树一样超出了自己——由此我也获得了一种领悟，就是中小学、幼儿园的课堂，也许我们可以把所有的课首先看作是生命教育的课。课堂的核心目标不只是知识的传授，还有智慧的增长，而更为重要的则是人的生命的成长。在基础教育课堂上，我们所要追求的也许不是深刻，而是尽可能的丰富；不是抵达，而是不断的出发；不是简单的给予，而是更多的启迪。窦老师说她是理想主义者，而所谓的理想主义者一定是关注现实而着眼于未来的，一节课不是被记住了，知识也不是被穷尽被熟知了，而是孩子们在童年生活的美好与课堂的精彩中，以体验和发现的方式，获得了在生命成长与生命记忆中具有无限意义的"童年"。

在这里我还要补充一句个人的片面之辞。窦老师的课堂当然首先不是为我们这些听课者上的，但同样就是貌似极为简单的绘本，不同年龄的人读一定也有极不相同的人生感悟，教师所要做的工作自然不是把文本的所有意义都挖掘殆尽，把自己所体验到的人生经验都一股脑地灌输给孩子。小学语文课堂，现在不少名师热衷于"深度语文"、过度阐释，看上去深刻，其实严重脱离了儿童经验与儿童感受，也就是背离了儿童性，严重宰制了儿童心灵的"活性"与生长力。也可以说，教师不能太厉害，教师太厉害，课堂就不会有不确定性，就容易成为独角戏，出现独断论，使课堂难以在未知中共同探究、形成对复杂性的理解与认识。

而好的课堂恰恰是通过一种自然的开放性，使每个人都产生强烈的"在场感"，每个人都参与到文本的解读中，这样学生的个人经验与能力就具有了一种自在的价值，同时又成为课堂资源的一部分为大家所共享。今天孩子们对文本有很多自己的发现，特别是那个女孩说要大声说出自己父亲的名字时，我尤其感动，我与自己父亲关系的隐藏记忆一下子被唤醒了，并获得了一种新的审视的价值。所谓经验的共享，就是个人的信息具有投射力，每个人在"被唤醒"的同时，思考都朝前增长了一部分，每个人似乎由此都变得更聪慧了。这也是今天窦老师巧妙的能力——她始终是积极和开放的引领者，不是她在输出道理，而是这些"道理"——绘本中涵泳的生动、复杂同时微妙的爱，自己呈现了。

今天听课还有一个非常愉快的发现，这节课堪称是窦桂梅的一台戏、一个精美的舞台剧、一个艺术作品。我以为好的教学都具有一种戏剧性。刚才肖川老师评课时就非常强调文本选择的重要性。我想，首先，文本的选择可能决定了这个"戏剧"的价值所在，也决定了我们所引领的这个思想的边界能够到达多远。窦老师在这个方面显然有非常独到的心得，我相信这种心得是跟个人思想境界、文学修养以及跟她的教育价值观紧密地关联在一起的。

第二点是在文本的处理上，它实际上是有一种结构性思考的，从"登台"时的低沉、和缓、从容进入，到最后意味深长的、留有余地的那种回想空间，实际上都有戏曲结构起承转合、悠长的韵味在里面。窦老师在课堂上既有创设"结构"的高明，又有驾驭"结构"的智慧，她课堂教学的自由由此而游刃有余、酣畅淋漓，同时又不是太凿于形式、超越形式的一种展现。另外，窦老师在这一"戏剧性"中，既是一个导演，又是一个表演者，她通过丰富的语言以及生动的形体来表现。她的语言既有自然的、日常的语言的直接，极富现场效果，又有戏曲语言的那种耐人咀嚼、给人启迪的意味，她的高明之处还在于能够把某一句简单的话，通过一种戏曲性的表现方式变得非常富有启迪性。这是几乎所有厉害的老师在课堂里都特别擅长的一种表达方式。

我还发现一个有趣的现象，可能是很多评课者没有提到的。跟所有的戏剧表演一样，这堂课有很多听众，这堂课不但是上给孩子的，也是上给在座各位的。在座的所有老师都参与了这堂课，你们的笑声、你们的掌声、你们的那种热情的投入都使得这节课更富有戏剧性，更饱满，达到了极其美妙的效果。整节课始终是热乎乎的，令人爱惜的。

窦老师本身是很具"舞台感"的，我对这种舞台感一直很在意。实际上一个好老师都是需要舞台感的。我曾经对"舞台感"作过这样的理解：一个成功的教师一定有良好的舞台感。舞台感表现为强大充盈的教学自信心，饱满的精神状态，从容、缓急有度的语言，生动、恰当的肢体动作，同时还表现为对课堂特殊的敏感和预见性，丰富、有吸引力的教学策略，巧妙、自然地调节、改善课堂氛围的能力。总之，一个成功的教师在课堂（自己的舞台）上总是要比平时的自己更有神采，更富有魅力。这种舞台感在窦老师的课堂里有时候表现得很夸张，窦老师夸张的时候，我看到原来的"玫瑰"；当她幽默的时候，我看到了她对长白山文化、东北文化的敬仰；当她做耐心铺垫的时候，我感受到语言的素养就变成了一种精妙的抵达的途径。窦老师无论什么时候站在舞台上都是光芒四射的，当然光芒四射的既有她的美貌，又有她的优雅。像我和肖川老师这样既没有美貌又显得不优雅的人，我们是不是就没有舞台感呢？像肖川老师无论站在什么地方都显得从容不迫，无论在什么地方你感受到的肖川都会比他实际的身高至少上升了20厘米，这也是肖老师身上的舞台感。我觉得对教师而言，这样一种在课堂上的自信心是极其重要的。我们完全不能想象一个慌慌张张、缺少自信的教师能够把一堂课上得精妙，直达人心。

另外一方面，窦老师不仅是一个演员，她还是一个教师，她不是根据台词来表演的。她是根据现场的生成状态作出一种精妙、恰当的应对，所以在这个应对之中她的耐心就显得极其重要。如果让我在家庭教育和课堂教育中选一个最重要的关键词的话，我一定会选择"耐心"，因为有耐心才可能有生成，耐心的背后是对所有个体的最大尊重，这种尊重其实是课堂生成的一个最重要的途径。只有在教师耐心的教育之下，孩子才可能真实地感受到自己是一个创造的主体，是一个独特的生命存在。

她的课堂最后的安排，还有一个精彩的地方，那就是留有足够的空白，留有足够的回想的空间，不断设置悬念，让孩子独自去构造，无论如何得独自去构造与应对。

这些戏剧性的丰富，都构成了教师智慧的卓越之处。听这样的课是一种享受。

让学习发生

——谈什么是"大问题"

时间：2013 年 11 月 1 日
地点：福州市金山三中
与会人员：福州"1+1 教师读书俱乐部"成员
录音整理：陈文芳

"教师在后"的课堂

今年的 12 月 13 日至 15 日，我们将在广东省深圳市举办首届生命化教育"大问题"教学研讨会。不少教师看到这个题目会心生疑问：什么是"大问题"？什么是"大问题"教学？"大问题"是不是针对"小问题"来说的？什么又是"小问题"呢？今天我将就此作一下解析。

我们既有的课堂往往是比较低效的，学生即使到了高年级，教师还是细致地教授那些简单的知识。课堂形态还是以教师的教为主，教学也还总是从低到高、从浅到深、从局部到整体地进行。那么，我们能否换一个视角，从高到低来教学呢？比如，教师让学生直接面对文本，让学生自己去读一读，然后说出读懂了什么，再让学生复述这篇课文到底说的是什么意思。实际上，在学生读和说的过程中，很多问题就能够自然而然地得到解决。也就是说，我们习惯性地认为需要教的东西，很可能学生能够自己学会。至于教师觉得有些地方还需要教的，也仍然可以放在课堂中来进行。

这种"教师在后"的课堂蕴藏着某种开放性。课堂里真实的问题，不是教师事前都可以预设的。学生在阅读文本当中的真实问题一定是基于学生自身生发的，而不是仅仅基于教师所理解的所谓的教学重难点。

课堂更重要的是要训练学生形成一种自我解读文本的能力，按照数学教育家弗赖登塔尔的观点就是"再创造"。同一个文本在不同的读者那里所呈现出来的样子都可能是不一样的，学生只有通过文本，才能从个体经验出发对知识进行"再创造"。课文（不仅仅指的是语文学科的课文）里的每一个词、每一个句子，教师都可以让学生开放地去解读、去复述，甚至去表演。这样，课堂就真的成了一种教育生活。

基于这种对课堂的理解，也基于这样的一种共识，特级教师黄爱华和我一起提出了"大问题"教学这个研究课题。可能有些教师会说，这些课堂形式不是在我们的课堂中已经有所尝试吗？为什么一定要放在"大问题"教学这个框架里面来谈呢？我的理解是，为了变革既有的课堂形式，我们恰恰需要某种特定的命名。命名意味着某种新意识，意味着某种思维变革的途径。命名也意味着我们对教育本质的重新探寻。这样的一种新意识，其实就是课堂的一种文化自觉，这些对教师的教育探索是有意义的。

"飞翔者"的学习

什么是"大问题"呢？"大问题"就是学科和学科教学的核心问题与基本问题。在课堂中，学生所学到的具体方法不是"大问题"，获得一种去寻找解决这个问题的意识和素养才是"大问题"。因为方法总是受时空限制的，比如，我们现在比较敏感的中日关系问题，我们往往可能更多的是站在我们自己作为一个中国人的视角来寻找解决这个问题的具体方法。"大问题"教学则有意识地让学生们超越已有经验，超越意识形态的、宗族的、国家的情感，以一种超越性的理念去理解这个世界本身，去寻找最好的，可能也是双赢的，甚至是多赢的解决途径。

"大问题"教学的课堂将努力让学生形成既是基于自己的理解力，又是走向开放、多元的，去探索未知的学习意识。我相信这种学习意识会变成人的一种素养，甚至成为一个人身心真正成长的标志。

我们接着还可以深入问下去，比如说，课堂里面如何让学生们自信、从容地表达自己的观点，这一定是教育的一个"大问题"，但这一类的问题一直为我们的既有课堂所严重忽视。我们既有课堂里所注重的是解决问题、寻找答案，但是我们很少考虑过要解决的问题到底是真问题还是假问题，或者解决问题的方式本身是不是有问题的。一个高中生，如果在课堂里回答问题还仍然是低着头，缩着肩膀，说话声音含糊不清，说的答案也许是对的，但是说的答案是对的有那么大的意义吗？如果他完全没有自信，没有对知识的热情，没有自我表现时的快乐与那种从成功中所获得的幸福感，这样的学习终究还是失败的。

因为"大问题"教学是基于对人性、对生命的理解，黄爱华老师认为应该把它放在生命化教育理念的背景下进行研究，这样的课题才特别有意义，所以"大问题"教学的实践跟生命化教育的理念走到了一起。最终，我们把这个课题定义为生命化教育"大问题"教学。我们计划从小学数学课堂开始，向其他学科，甚至更高学段辐射。

"大问题"教学的一个重要标志就是它直指学科本质，直指教育中人际关系的本质，比如课堂里教师与学生、学生与学生、学习者与知识本身的平视关系等。"大问题"教学也直指学习方法的本质，个体的学习方法是有差异的，有的属于高端学习，有的属于低端学习。低端学习就是所谓的跟随者的学习，是"我教你学"的学习方式，其学习目标更多的只是为了跟随教师的进度。这样的学习也可以称作是复制型的学习。"大问题"教学追求的是智慧型的学习，因而在这样的课堂里就需要更多的合作探究、自主生成，它的核心是针对人的发展。在这种课堂上，学生有自主规划、自由想象、自我探寻的权利，我们把这种学习称为"飞翔者"的学习。

"大问题"教学的课堂当然也是一种开放性课堂。如果没有开放性，教师其实是很难真实地知道学生的所思所想的。有的学生的想法可能是教师所期待的那一种，教师喜欢这一类学生，并把他们称作优秀学生。有些学生的学习方法可能是非常褊狭的，在一个封闭的课堂里面，教师不可能都知道这些习惯于沉默、习惯于被动、缺乏参与热情的学生，他们到底在想什么。所谓的开放性，就是说教师实际上是把"促进每一个学生都参与到课堂中来"作为一个教育的信念来对待的。在这样的信念的指导下，通过耐心、充满鼓励的话语以及恰当方法的促进，学生终究是可以真正成为课堂的主人的。这样他们才有可能提出不同的思路、不同的见解，最终大家也才可能达成多元的结果。可以说，这既是开放性课堂的目标，同时也是学生继续探寻的起点。

让学习真正发生

在这里我还需要重申的是，"大问题"教学中的"大问题"所针对的不是小问题，而是学科和学科教学的核心问题与基本问题。我前面说的要引导学生走向高端学习，不等于说不要解决课堂上随机出现的低端的问题。奥苏贝尔的教育心理学研究表明，课堂里 70% 以上的问题，学生在课前就已经弄明白了。我们的教师如果还一直按原来的条条框框教，实际上是难以培养出有想象力、有创造力、有高度质疑能力的学生的。也可以说，"大问题"教学不是仅仅教给学生那些能让他们考上大学的知识，更重要的是要培养学生具有一种独立的、独特的思维方式和思维品格。

在"大问题"教学的课堂里，教师往往是站在学生后面的。如果教师一直站在学生前面，教师的高度就成了学生难以逾越的高度。教师站在后面，他更多起的是一种鼓励、支持和保障作用，学生的发展高度是教师没办法预计的，而学生的所需却是可以预想的。比如说，在具体的学习过程中，学生所遇到的普遍困难，教师就可以保证底线，进行具体的指导与帮助。当然，这样的课堂对于教师则意味着更大的挑战，因为从某种意义上说，在这种课堂里，教师不知道学生会有什么样的想法、什么样的疑惑，而又必须时时作好面对这些想法和疑惑的准备。弗莱登塔尔说，对学生来讲是新奇的东西，对教师而言则都应该是知道的。

我们既有的课堂经常都是单一的、线性的，蕴含着一种科学主义的逻辑在里面，但人性的复杂性、世界的复杂性、事物本身的复杂性，是我们难以预设的。因而，课堂本质上就应该是生成性的。弗莱登塔尔所谓的"再创造"，就是要在这样一种生成状态里面才能形成知识的"再创造"，而只有通过学生自己"再创造"的知识，学习才真正发生了。

在"大问题"教学的实践当中，教师要具有两个核心立场。一是教师要认同人类的基本的价值观，如果没有这样的认同，课堂的开放性是不可想象的。二是教育的本质其实就是信念与期待，也就是说，教师要相信并期待学生有某种理解力并得到自主发展的可能性。学生正是在教师的这些潜在的立场的指引下，才可能开展真正的学习。

总而言之，让学习真正发生，让生命获得成长，既是"大问题"教学的实践，也是"大问题"教学团队的永恒追求。

教育的根本在于立人

美国教育家鲍伊尔，一生从事教育事业，在美国各地作过几千场的教育讲座，对美国的教育发展尤其是基础教育的发展有重要的影响。很多人问他对于一所学校而言什么最为重要这一问题，鲍伊尔认为，在任何一所学校有一个共同的奋斗目标比什么都重要。说实在的，我第一次听到这个见解时颇为吃惊，我们可能会想一些比较复杂的，似乎更为"高远"的问题，但这些年我自己的教育实践使我认识到鲍伊尔的观点是至理名言，它是指向现实又具广泛指导价值的。正因为如此，我觉得这次新教育改革以及很多的改革虽然也有一些很好的理念，但是，我担心的是它作为教育改革行为，先是会被过分地"学术化""学理化"，然后在实践过程中又不断地"虚幻化"，纸上谈兵与轰轰烈烈走过场一直是我们的体制化的行为模式。对整体教育行动的把握，我希望它能明确亮出自己的观点，这就是要确立一个明晰而重要的目标。在我看来它最核心的使命就是：教育必须为自由社会培养公民。教育必须着眼于未来、着眼于世界、着眼于发展。教育必须有基于现实但又具有"超越价值"的目标，成就什么样的人从来都是教育的核心价值，也是最值得质疑和深入问询的问题，现在已经进入21世纪第二个十年了，我们的学校文化有多少是能够与世界与人类普遍的文化共识接轨的呢？我们自卑、自贱，自我压抑，胆小怕事，何时才能昂头、坦然地说话，说真话，说我们内心渴望表达的话？在课堂上，在学校生活中，我们是否意识到这才是教育最根本的价值所在，并力图坚定地试行之呢？也许，我们还是要承认，诸多条件并不具备，但是教育仍然有一种先导性的价值，即它是着眼于未来更美好社会的，它是奠基性的，并不是有什么样的土壤就只能有什么样的"产品"，在知识领域、在人的精神领域，从来都具有这样一种力量："革命性"的思想、成果其实是可以在相当不堪的环境中萌芽的，所以鲁迅先生也特别强调教育根本的目的就在于"立人"，把人的外在形象立起来，把人的人格气象立起来，把人的内在生命立起来，从而把"真正的人"立起来。这既是教育的责任，也是学校时刻要有的践行的意识。同时，教师首先应该成为自我反省、自我革新的一员——鲁迅先生曾感慨过我们的"二我状态"，所谓的"二我状态"是对上是奴才，对下是主子，人格是分裂的，内心是黑暗的，行为是病态的。我深深地感受到，我们从来都缺少坚定地把孩子培养成有责任感、有独立意识、有判断力，同时生命又是非常阳光的那样的人的教育信仰。我说的是一种呼唤，是在充斥着强制、不公正、价值偏颇、人格缺陷的社会环境中，一种渺远而又让人向往的教育期待。

巴西著名教育家弗莱雷说，我们往往对于在不自由状态下的安全感过分迷恋，对真正的自由却缺乏渴望，所以我们更容易选择委曲求全、选择明哲保身，选择既是"难的"又是叫人不安的，因为对正义的选择意味着承担与责任，意味着某种利益的让渡，意味着牺牲以及无法预想的种种后果。从辽远处说教育毕竟是立人的事业，是着眼于发展、着眼于未来的事业。它需要的是教师更多地要有这样的意识：教师首先应成为人格独立的人，教师能成为肩担正义的人，教师要成为能够引导孩子走向光明与辽阔的未来的人。当然这样的思考与现实是错位的，有时还会让我们产生一种危险感，其实在具体的生活中，我们是很容易意识到危险之所在的，也很清楚有哪些理念几乎无法施行，于是我们甚至倦于思考与行动了。我们变得极其"唯物"与现实，有的人还会变得格外狰狞。记得我女儿刚上中学，有一天晚饭的时候，她不经意地说了声：学校乱糟糟的，都不知道厕所在哪里。我和太太一听惊讶得不约而同地叫起来：怎么，你两天没上过厕所？女儿说：是啊，不仅我两天没上过厕所，学校的许多同学也是这样，因为我们都不知道厕所在哪里。可是他们为什么不敢问老师呢？后来我一直在思考是什么力量使我们的孩子这么胆怯、这么卑微、这么缺乏自信，哪怕正常的生理需要也只好克制，再克制。这是非常可怕的教育的现实。

我们对自己生命的爱远不够，我们对孩子的爱也远不够。只有我们敢于担待、敢于坚定地站在生命的背后、孩子的背后，我们才是真正有勇气并回归自己生活的。我们为自己的怯懦找寻了太多的理由，心智也变得黝黑、盲目和颓丧。对自我的反思总是远不够的，不要责备孩子，不要贬低他们的未来，努力去尽最大的可能，多打开一扇门窗吧，我们也在造就着自己。从失落中重新回归自己，从失败中认识失败，从屈服中重拾勇气。

其实，教育几乎总是变化最慢的。经常，它就是按照惯性、定势和它所依存的社会各种文化、制度、经济条件运行的。也许，任何一个时代都不能对教育要求太多、太强烈，要求过多、过于强烈则容易产生断裂和无所适从。

面对这样的特性，我们无论多么不情愿，都只能把它看作就是自己生存的基本处境。

也许，我们更需要做的，也是更有可能着手的不是变革与创新，而是调整、改善、弥补和充实。我们必须直面我们所不能改变的一切，我们的力气不能用来痛苦和沮丧。更需要选择的也许就是"最不坏"——从任何可以改变的地方开始，不要去思考尽善尽美，做到"最不坏"就极其难得。把我们的目标放得更低更小一点吧。我们就从这起点处开始教育的变革吧！

从凌乱到灵动

时间：2013年12月2日
地点：深圳市天健小学校长办公室
与会人员：黄爱华、陈文芳
录音整理：陈文芳

在课堂教学中，可以引导学生自我设定角色，比如按学习能力的高低把班上的学生分成四个层次：学习最困难的学生叫追赶者；上升一层的叫跟随者；中上水平的叫奔跑者；顶尖的学生叫飞翔者。这样的自我设定，至少对我们的教学能够产生两个启示意义：一是不同层次的学生需要不同的知识，需要进行不同的强化；一是不同层次的学生需要有不同的前进目标。

追赶者与跟随者的学习多是复制型的学习，学生是以教师的高度为自己的学习高度，以跟上教学进度为主要目的。而飞翔者，则有一种超越与自由形态的东西，面对飞翔者，教师需要把个人的体验、个人的经验，看成是课堂中最重要的资源，飞翔者可以与教师自由对话，最终的教学结果是，师生之间既可以获得共识，又能够保持各自的独立见解。

因为对教育要培养飞翔者有着强烈的共识，我和黄爱华开始尝试探究让这种理念落地的实践可能性，这也是生命化教育"大问题"教学提出的起因。我们提出，教学不应仅仅局限于对学科知识的探究，在知识探究的同时，还应当给学生以人生思考，也就是为学生一生的发展提供一种思维方法，人生态度，对复杂世界的一些基本理解。今天孩子将要面对的世界，不是二元对立的，也不是你输我赢的、零和的，拥有相互关联的、复杂的应对世界的思维和能力，越来越成为每一个人生命的必需。

与普通教师的课堂相比，同样学一个知识，在黄爱华的课堂里面，学生能感受到更多的丰富的可能性。也就是说，在黄爱华的课堂上，孩子学习的乐趣不再停留于得到这个知识，而是"我可以有不同的方法来获取这个知识，我可以有属于自己的独特的对这个知识的理解"。

培养飞翔者，不意味着就放弃追赶者与追随者，所以教师的教学最重要的一点就是"退后一步"，我把这称作保底的工作。这意味着知道某个知识点的学生上过课以后，变得更加明白了；不明白的人听过课以后，开始知道了；有困惑的人上过课以后，困惑得到了解决。

我把保底的工作分为三个层面来谈：一是知识要保底，这涉及课堂上要教什么，教师一定要非常清晰；第二，教师要能够把握某一部分学生可以学到什么，这甚至也是教育民主、教育公平在课堂中的具体体现；第三是课堂要有边界意识，有些教师过于即兴，"兴之所至"，偏离主线太远了，教学中的激情与激情教学是不能等同的。

黄爱华的课堂因为保底工作做得好，所以课堂氛围特别自由、开放，一个最明显的特征是，"犯错"的孩子增多，我把孩子的错误称为"创造性的错误"。之所以听黄爱华的课总会让人产生心灵的触动，是因为在他的课堂里经常能听到孩子们迸发的奇思妙想，但更为重要的是，黄爱华能够很好地利用这些奇思妙想，把它们变成教学的资源。

黄爱华总是能更深入地理解学生的问题和犯的错误，他相信学生的问题和"错误"都是有理由的，所以，他的教学活动背后有着对个体生命的深厚的尊重与关怀。听过黄爱华课的人都会发现，他一旦进入教学状态，就始终在倾听，始终在观察，始终在"挑逗"、激活学生，让学生的思考更加深入。

问题和错误可以转化为教学资源，利用这些资源能够解决、强化易出差错的学习问题，做到知识上的保底；同时，教室里的飞翔者也可以帮助全班同学一起学习更有深度、更有难度、更有挑战性的知识。

在很多教师的课堂上都有这样的现象，前面的问题似乎都解决了，课堂里讨论的话题也已经比较深入了，突然，一个学生又蹦出来一个浅显的问题，这个时候教师需要反思：到底是自己在教学上出了问题，还是学生自身的学习出了问题？如果是前者，那说明教师"迂回"的工作做得不够；如果是后者，则需要改善学生的学习行为习惯。

学生的真实的兴奋度，是评价课堂的一个非常重要的指标。我们甚至会进一步说，教学的核心就是要让学生兴奋，要让他们参与，让他们有表达欲。但在真实的"大问题"教学实践尝试中，很多教师发现，自己给了孩子很大的"自由空间"，孩子就是不愿意回应，不愿意参与。这里面其实还涉及到底是强行推动还是自由生发、自由引导的问题，教师应该始终把自己的注意力放在推动学生的表达、表现上，课堂始终都要有用心在，在任何一个问题的回应上，教师都应该给予学生一种鼓励性的评价。

教师在课堂上的鼓励性评价也可以分成三种：

第一种是态度上的鼓励，这也是最为常见、最为一般性的鼓励；第二种——教师通过鼓励性的评价把问题引向更深入的地方——则更难一些，但只有这样，才会激发学生继续学习、继续探究的热情。后一点是很多教师没有意识到的，却恰恰是黄爱华比一般的教师厉害的地方，他的鼓励能够让学生产生一种使命感，完成任务之后，内心涌动着生命的自豪感。鼓励要让学生产生激情，鼓励者本人也要有激情，要让鼓励真正刺激到学生，应该把鼓励的重心放在学生的探究行为、探究精神上。我想特别强调的是第三种鼓励——保底的鼓励。在黄爱华的课堂上，他总是非常有意识地去保护那些闹了笑话、犯了很幼稚的错误的孩子。这种保护的意义在哪呢？它使得学生有一种安全感。这种安全感保障所有的学生认同这个课堂，喜爱这个课堂，"认同"与"喜爱"是新课室文化最重要的基础。为什么有些教师表扬学生时，另外一些学习能力薄弱的学生不感兴趣呢？因为他们知道，自己只是课堂中犯错误的陪衬，而不是他即使错了但仍然有尊严。

我也和教学研究团队的几位老师在福州的高中政治课堂上进行过"大问题"教学探究。我记得上完第一节课后，有一个细节让我很感动。我们那天上完课之后，有一个孩子特意等在楼梯口，等我们从洗手间出来后，跟我们说一声"再见"。我们只是第一次照面啊，我们相互都不知道对方的名字，她为什么要特意跑过来跟我们道别呢？我想，肯定是她在课堂中感受到了某种不一样的东西，也许是温暖，也许是理解，也许是放松，也许是趣味，等等。

这样充满鼓励的教学，才是生命化的教学，才是人性化的教学。

黄爱华教学研究团队对"大问题"教学有一个自己的概括："研究大问题，提供大空间，呈现大格局"。他们认为，教师的学科素养决定了教师在课堂上能否提出好的问题，因而教学的工作重心要前移——研读文本，再往前移，则是教师的学科素养的提升，用通俗的话来说，就是学识。

学识也有三个层次。第一层次的学识，指的是教师对这个学科本身理解的高度，这种高度决定了课堂可能呈现出的格局。当前大多数课堂，都是学生上了半天，但基本上没学到什么。课堂应该让孩子朝着未知跃进，应该让学生学过这门课之后，觉得自己精神上长高了，觉得这个学科是充满奥妙的，觉得自己在课堂中的思维有了一种展开、豁亮的感觉。

第二层次的学识指的是学科相关性知识。比如数学就涉及整个自然科学，数学是整个科学的底座。那我们教师应不应该去学点自然科学史？我觉得应该适当读点的。

第三层次是生命学的东西，这决定了教师的课堂可以抵达的深度。教师能否理解学生身上呈现出来的东西有什么人性的意味？教师能否理解生命本身的多变与复杂？教师必须理解学生不同表现背后的生命差异，才可能更好地应对学生在课堂中表现出来的不同生命形态，学生也才可以在课堂中获得舒缓、排解、安慰。很多教师在课堂上遇到捣乱的学生，觉得非常苦恼、困惑，甚至愤怒，却又束手无策，这既与经验有关，也与教师自身对生命的理解力受限有关。但在黄爱华的课堂里，"魔鬼学生"经常会成为班级的宠儿，他既能获得自我展示的机会，感到快乐，又会去反思自己的不足，最后在抚慰中安静下来。

下面要谈一谈教师们最喜欢，也可能最容易"拿来用"的东西——教学能力。

我认为每一个教学研究团队都应该把教学能力单列出来，做专项研究。我认为感兴趣的老师们可以专门研究黄爱华的教学能力。我曾经说他有很强的自我戏剧化的能力，幽默感，装傻似的"明知故问"，挑逗学生积极的情绪，使学生处于愉悦、快乐的状态中。

最近我又发现，黄爱华还有一种能力——化寻常为多趣。这种转化有时候是化难为易，有时候是化繁为简，有时候是化浅为深，有时候是化易为难，前面两种状态是教师在帮助学生，后面两种状态是教师在激发与引导学生。很简单的内容，被黄爱华"迂回"一下，又有了新的难度和新的挑战；复杂的、有难度的东西，被黄爱华三下两下点拨一下，又变得很简单。教师化浅为深、化易为难的能力，能够把课堂引向深入，拓宽学生的理解力，使得学生有一种前方感，这样他们对下一节课才会很有期待。

很多人都知道黄爱华的幽默，但他的课堂到底是怎么幽默起来的呢？关键就在于，他总是能比别人"多说一句"。我们很多数学教师都是就教材教教材，就知识教知识，就问题教问题，我们有没有想过怎么让学生活得快乐一点，学得快乐一点呢？黄爱华想到了，所以他经常会多说一句，"废话"频频，精彩纷呈。很多环节，就是因为他多问的那一句而把似乎已经"沉闷"的、没有挑战性的问题重新激活了，课堂变活跃了，幽默感就出来了。

如何把问题"趣"化，如何让课堂"活"化，这是我们可以向黄爱华学习的地方。黄爱华根据学生的状态，使得自己的教学线是一条虚线，或者叫灵动的线。我们不是按照既定的设计好的路线来上课，而是根据知识本身的特点、学生理解力的特点、即时的课堂状态的特点，随机作调整，所以才可以说是"相机而教"。这样的课堂，看上去是即兴的，但实际上是一种高超的智慧的体现。我们很多老师可能没有这种即兴性，只有一种按部就班的东西。

我们习惯于静听的课堂，顺从的课堂，被动的课堂，一旦是开放的课堂，以学为中心的时候，就会很凌乱。但真的有勇气去尝试一段时间后，会从凌乱到灵动。灵动，就是有了灵气。灵动也意味着它有方向感，有秩序感，有重点的意识。

我分析了这么多黄爱华的教学特点，很多教师肯定还是会觉得，黄爱华太厉害了，我们没办法学。我觉得事情都需要一步一步来，就像你去学当导演，既有分镜头的学习，也有导演理论的学习，还有导演艺术思想的学习，需要分成集中类型来学习。而不是一股脑儿抛给你说：你来学吧！

我们"大问题"教学研究团队下一步希望能够做出一本比较具体的"大问题"教学实践操作手册，或者是黄爱华教学艺术学习手册，供有兴趣提升自身教学能力的教师参考。但是，我最后想强调的是，不管你用的是ABCDE哪个套路，最终都离不开真正的"让学习发生"——这才是"大问题"教学探索真正的核心所在。

图书在版编目（CIP）数据

张文质说.1，教师的"微革命"/张文质著.—上海：华东师范大学出版社，2016.5

ISBN 978-7-5675-5306-4

Ⅰ.①张... Ⅱ.①张... Ⅲ.①教育—文集 Ⅳ.①G4-53

中国版本图书馆 CIP 数据核字（2016）第 121428 号

大夏书系·通识教育

张文质说 1：教师的"微革命"

著　　者　张文质
策划编辑　朱永通
审读编辑　张思扬
封面设计　百丰艺术

出版发行　华东师范大学出版社
社　　址　上海市中山北路 3663 号　邮编　200062
网　　址　www.ecnupress.com.cn
电　　话　021-60821666　行政传真　021-62572105
客服电话　021-62865537
邮购电话　021-62869887　地址　上海市中山北路 3663 号华东师范大学校内先锋路口
网　　店　http://hdsdcbs.tmall.com

印　刷　者　北京季蜂印刷有限公司
开　　本　700×1000　16 开
插　　页　1
印　　张　12.5
字　　数　166 千字
版　　次　2016 年 7 月第一版
印　　次　2016 年 7 月第一次
印　　数　6 100
书　　号　ISBN 978-7-5675-5306-4/G·9549
定　　价　35.00 元

出 版 人　王　焰

（如发现本版图书有印订质量问题，请寄回本社市场部调换或电话 021-62865537 联系）